本书的出版得到欧洲共同体委员会语言司（PCE no 92 – 01/0496/F-IB）的资助。我们无法找到本书复制采用的某些文本和插图的原出版社或原版权人。这些材料的版权为法语传播研究和学习中心（CRÉDIF）所有。

Représentations de l' étranger
et
didactique des Langues

外国观
与外语教学

Geneviève Zarate

[法] 热纳维耶芙·扎拉特 著

谢詠 刘巍 译

上海人民出版社

《外国观与外语教学》（*Représentations de l'étranger et didactique des langues*，Paris，Didier，1993）是法国著名跨文化教学法专家热纳维耶芙·扎拉特（Geneviève ZARATE）教授的一部力作。本书着力探索全球化背景下外语教学与研究的新路径，试图把对"他者"的拷问融入到外语教学的目标、方法及步骤当中。鉴于他者形象与"外国表征"（représentation de l'étranger）概念密切相关，作者引入这一重要概念来研究学生社会身份认同与其所学习的外国文化之间的辩证关系。该研究对于外语教师和教学机构具有重要的启迪意义，有助于他们根据所在国（地区）的地缘政治背景来设计或改编外语教材，有助于考虑学生的社会身份认同，引进多元化的观点，提升对外国文化的描述质量。此为我们翻译这本著作的动因。

本书在翻译出版过程中得到了广东外语外贸大学西方语言文化学院梁仲岱学术研究中心的大力支持，特此致谢。

谨以此书献给 J. -M 和 C. A，希望他们将来"贪婪"而敏锐地周游全世界。

中文版序
外国观与全球化社会中外语作用的阐释

　　《外国观与外语教学》这部法语著作于 1993 年在法国出版。在 21 世纪将满 20 周岁之际，阅读这本书能给中国外语教师带来什么启迪呢？

　　自该书面世 25 年以来，包括在外语教学领域里，发生了许多历史性变化。无论在哪个国家，全球化都在动荡的进程中卷走了许多信念，极大地改变了自我与他者的关系。中国是世界第一强国的直接竞争对手，它开辟了新的"丝绸之路"。人们都在讨论西方价值观，包括"西方人"自己也在讨论。与异国的虚拟接触或走出国门的实际流动已成为一种普通的生活方式。这种生活方式对于那些经常使用社交媒体、寻求社会地位上升、期待职业前景迅速国际化的人来说是触手可及的。这远远超出了当年他们父母最大胆的自我预期。

　　这个前景既充满诱惑又光辉灿烂，但同时也带来了新的困惑。某些国家虽然在历史上有过交集甚至对立，但如今关系已经缓和了；即便如此，当重大地缘政治危机在这些原本价值观还能相容的国家之间造成裂痕的时候，让人如此向往的"外国"，不也变得捉摸不透、甚至敌对了吗？ 一旦接触外国的真实体验摧毁了教科书里所保留的令人安心的信念，想象中围绕外国的神秘光环便消失了。然而，当一次旅行、一份友情、一部电视连续剧、一部电影、一位歌手重新激活了"他者"那诱人的世界时，即使国家间的关系已受到干扰，异国风情的魅力仍会长留本国对话者心间。面对学生，外语教师将如何应对这些互相矛盾的看法呢？

"真实"概念（"真实"的中国、欧洲，等等）是上世纪语言文化教学的基本准则。对于那些摆脱了教师视线、直接接触媒体的学习者而言，真实概念被滥用了，因为媒体把外国现实既复杂化又简单化了，甚至存在伪造外国现实的情况（假新闻）。在外语首先被视为语言系统和学校要求每个学生都完美掌握该系统的时代，文化差异在外语教师培训中被边缘化了。如今，文化差异提出了它特有的问题：既然它介于学生的国家和语言对象国之间，那么应该给予它什么样的地位？文化差异是否也取决于教师在其中完成了社会化的国家——即中国或者其他教授语言的国家？如何确定教学内容的尺度？在历史的永恒性和现实的变动性之间？现实的动荡有时是彻底变革的迹象，有时则是不稳定和微不足道的变化的迹象。

"表征"概念为这场辩论做出了显著的贡献，因为某个既定社会拥有的多元化观点，无论这些观点的兼容程度如何，它们都处于这场辩论的中心。表征概念用多样化的社会现实——代层、地域隶属、种类、社会阶层和实践，家庭发展轨迹——取代了一个国家的"真相"，国家正是这些多种多样的社会现实的产物。乍一看，这种多样性会使教师晕头转向，他战战兢兢地打开了想象中的潘多拉盒子[1]，以为再也不能关上

1　宙斯让潘多拉带给厄庇墨透斯的一只盒子。潘多拉擅自把它打开，里面装的祸患一起飞出，只有希望仍留在盒底。现转义指一切灾祸的来源。——译者注

盖子：像五彩缤纷的焰火般汇集的各种主观意见，一个无穷尽的"情境"长廊——学校永远无法把这些情境清点完，学生间或师生间无休止的辩论，没有明确的结论……

然而，难道不正是这些阐释了一个社会？难道无须教导学生，要透过大量相似或矛盾的意见、透过基于正确或不那么正确的论据的辩论，来阐释社会文化差异？不过学生必须学习在这些辩论中自我定位。严谨的阐释与自发的议论相反。从自发的议论中只能产生过时而无效的刻板印象，它们为那些通过操纵使其生效的人所用。在全球化空间内社会关系的运作实践中，笃信意义是不言自明的人只会显示出他对自己所说内容的无知。在追求逐步掌握知识的过程中，非本族语学生推测和斟酌着对未知世界的阐释；他明智地承担着"意义摆渡人"（passeur[1] de sens）的角色，显示出他应对新事物和突发事件的才能，以及他稳妥地跨越不同文化的边界去建构和传播新知识的能力。非本族语学生可追求实现社会提升的梦想，这梦想支配着他们选择学习外语。

本书针对上述"意义摆渡人"的培养，指出一条明确而具体的路线。这条路线起初是根据西方包括欧洲的社会现实，根据法语、英语、西班牙语、德语、葡萄牙语等国家的外语教学情况制定出来的。这个教学利器在各种外语的横向互动中才能发挥作用。读者将有机会使用这个向所有语言开放的多元语言和多元文化框架，以便为讲汉语的学生服务，使他们受益。

---

1 法语词 passeur 指用船把人从此岸送到彼岸的人，即艄公；通常以此比喻两方之间的协调人或媒介。——译者注

此书得以译成中文，显示出两位中国学者的担当，他们欣然将自己的才华倾注到这项需要持之以恒的译事上。担任翻译的两位学者——谢詠和刘巍，都是广东外语外贸大学的法语教师。谢詠是广外的资深法语教授，法国巴黎三大（新索尔邦大学）语言文化教学法博士。谢詠教授以在法国所做研究为基础出版了一本专著，题为《跨文化历程与法国观——兼论中法跨文化能力的培养》(*Trajectoires de Chinois et représentations de la France. Pour une compétence interculturelle sino-française*，L'Harmattan，2008，Collection Logiques sociales)。这项研究实际上起到了一个理想对话者的作用，把表征概念从法文引入中文并揭示了该概念在两种不同语言中的细微差别。《外国观与外语教学》一书的翻译是由她发起和组织的。刘巍是广外的法语副教授，法语语言文学博士（跨文化交际方向）。他于 2016 年完成了博士论文，题为《法国人心目中的中国形象及其变化——基于对法国人深入访谈的研究》(*Les images de la Chine et leur évolution chez les Français*：*étude basée sur des entretiens auprès des Français*)。他目前的研究方向是：跨文化研究、法语国家和地区研究。

从两位译者的学术背景可以看出，这项细致的翻译工作基于他们在法国和欧洲的思想和学术背景下的深刻历练，他们在根据中国和汉语背景进行翻译时对译语的精益求精，以及他们为使译者的"幕后"工作获得圆满成功而做出的不懈努力。"译者"，在最严格的意义上，可理解为"意义摆渡人"。借此机会，我谨向两位译者表示衷心的感谢，并高度赞扬他们的能力，以及这本译著在他们手上变成一本全新的书的卓越成就。

这本全新的书，是他们自己的著作。

热纳维耶芙·扎拉特（Geneviève Zarate）

法国国立东方语言文化学院名誉教授

教学法视域下语言和身份研究中心（PLIDAM）创始人

和主任（2004—2010）

2019 年 1 月

序

　　时至今日，热纳维耶芙·扎拉特已经成为法国文化教学领域的标杆式人物。她十年来的一系列创见深刻地影响了许多新概念的界定、另辟的蹊径以及新颖的拷问方式。她是第一个有勇气在全球化背景下有效而系统地进行此类研究的学者：她不断变换切入点和角度，揭示了一些有待讨论的"明显事实"。而这些"事实"，我们其实在潜意识中早已以之为依据。

　　作者在延续其先前研究的同时，不仅完全更新了她对文化教学的设计方式，而且果断地把它提升到概念层面。她在有关教学的思考中，率先引进了地缘政治教育这个概念。而迄今为止，在教学实践和培训中，地缘政治教育和外国文化教育这两个领域一直奇怪地处于割裂状态。我认为，引入外国表征的概念并着重其操作方法，可以建立一个全新的教学目标，以防止普遍化倾向并释放教师的自主性。

　　我们尤其可以看出热纳维耶芙·扎拉特在分析"远距离和近距离感知外国文化的不同效应"时所倾注的用心。这有可能深刻地改变文化教育的前景、视野，以及其目标和方法。世界传媒的发展是促成该变化的一个关键因素，它的一个重大影响是实现了"把远方拉近"。我们必须直面这一点。

　　不过，我觉得在这本著作中，最堪称典范的莫过于作者对文化教学评估问题的关注。她首次提出，评估不是简单地以打分或考试的形式来进行。我们都习惯了语言学家们总是呼吁要采纳"符合拉波夫[1]理念"的评估方法，却又一直不明示如何根据这一信手拈来之理念采取实际的教学行动。热纳维耶芙·扎拉特则从头开始，在教学行为开始之前就逐步地介绍了影响教学的若干因素，而这些因素都是教师在备课和使用可支配的教学资源时应当特别注意的。

作者在帮助我们跨越上述三大步的时候，非常细心地把概念和实用、思考和向行动的过渡、学者的研究和教师的教学结合起来。激发拷问的教学案例、推荐阅读的文章片段、可供多种解读的文献资料在书中交替出现，使读者能够自我定位和确立自己的观点，概言之就是能够以局外人的视角客观地看待一种文化而又不放弃自己的文化背景。如此紧握科研和教学这一链条的两端，是我们全体教师都渴望做到的。热纳维耶芙·扎拉特为我们开辟了新的道路。

此时此刻，由于作者主持了一项国际多元语言研究项目（un projet multi-pays *Lingua*），对欧洲委员会也做出了可圈可点的贡献，已经享誉国际；这部新作将会进一步巩固她的国际声望。这是一部令人耳目一新的著作，是她多年来默默耕耘，如琢如磨的成果。这是一本名副其实的学术佳作，是一本"既抽象又具体"的著作，一如巴什拉[2]为所有不负此名的教学研

---

1 拉波夫（Labov W., 1927— ）：美国语言学家，社会语言学的代表人物之一，宾夕法尼亚大学语言学教授。他主张把语言放到社会中去研究，强调社会因素对语言的影响。——译者注

2 巴什拉（Bachelard G., 1884—1962）：20世纪法国作家、哲学家、科学家、诗人，法国历史认知学派的重要代表人物。——译者注

究成果所作出的评价。这也是一本具有多重话题的著作,充满了初见端倪、有待探索的研究前景,这些思想的火花在该研究过程中已经迸射出来了。

热纳维耶芙·扎拉特指出,"一种教学材料最初并非只和一个单一的目标维持一种独一无二的关系。"这句话对于建立生动灵活的教学方式而言非常关键。若采纳这样的教学方式,教师就必须在授课前深思熟虑地加以选择,在课堂活动中也必须能够即时发挥。这句话为身处教学一线的教师敞开大门,为受到多种(体制的、教学大纲的、世俗的,等等)限制的教师留出了一个自由的、个性化的,或者说发挥主观能动性的空间。

外语教学中的文化教学不是一种以获得知识为目的教学,而是一种以交际为目的的教学,即以学习者能够切实运用他所学和所掌握的知识为目标的教学。当我们漫步在热纳维耶芙·扎拉特所描绘的"路径交错的花园"里的时候,我们中间的每一个人都有可能走出一条属于自己的路。在此,作者奉献给我们的是一本负责任的书。我们不要辜负它。

路易·波尔歇(Louis Porcher)
巴黎索尔邦大学教授
1993 年 6 月 1 日

目　录

观　点 [1]

外语课堂传统上被定义为一个教授语言技能，而非阐释自我与他者关系的地方。虽然近二十年来有关语言技能的研究成果在教材设计中有所体现，但在与他者关系的内容方面的改善则远不如前者明显。一位青年教员不太可能像他自己当年学习外语那样去教授一门外语（语言教学法在不断更新），然而他却没有现成而明确的替代方案来揭示他所教授的外国文化，避免复制他学生时代使用过的教学模式。

人们在重视更新教学技术手段时不应该忘记这个起决定性作用的重要事实，即按主题组织的外语教学内容会导致一种基于显而易见事实的外国文化建构。要解释这种方法的消极面，我们就得讨论国家和出版方面的制约。不过，必须首先确认这一点：大部分外语教师都在教授一种他们从未亲身体验过的外国文化。该问题若能以自费、政府或机构资助的国外语言进修的形式来解决，这已经是幸运者们享有的一种优惠。这种"虔诚的"行为需要长久的感情投资和职业选择，建立起一种与想象中的"他乡"之间的很强烈的直觉性联系。尽管我们重视这

1　该书的写法较特别，作者用"观点"部分代替了"前言"部分，介绍本书的研究背景、主旨并提出将在正文里讨论的问题。——译者注

种行为，可是教育机构只是间接地认可教师这种通过语言进修所获得的文化体验。极少教育机构在教师接受培训的初期就认可他们在教授其语言的国家进修经历的作用。如果确有这种经历，一般会在晚些时候，以继续教育的名义予以承认。

正是以上结构性原因首先解释了学校向学生介绍的自我与他者的关系是建立在地理距离之上的，以激发他们对异国风情和民俗的兴趣；这种关系同时也建立在心理距离感之上，但会引起学生对差异的畏惧。不过教育体制以外的因素会施加压力，以寻求对教学效果的另一种评定。例如，国内经济的国际化、触手可及的外国媒体、空运的普及，这些因素都使出国进修成为一种规划（当然并非总能实现）或者进入职场的一个先决条件。由此"外国"又增加了另一种存在感。

目前越来越多的旅游或培训机构都把文化差异间温婉的、或竞争的、或普通的关系作为卖点，此时，愿意针对异国情调的商业化倾向开出替代良方的学校将大有可为。正是在这种思想指导下，我们向外语教师和母语教师提出"外国表征"概念，引入学生社会身份认同与其所学习的外国文化之间辩证关系的讨论，呼吁大家来重新审视所谓"明显的事实"。

第一章 外语课堂与地缘政治教育

在此，外语课堂被定义为学生所在国家的文化和学校所教授的外国文化发生关系的一个地方。从这个观点出发，外语教材便具有特殊的社会学意义：它们要分析与外国的关系，而这种关系正是某一特定社会意图教育其民众的样板。教材会集中介绍那些在这个社会中以简略而零散的方式呈现的表征；该国与外国的关系越紧张，教材的社会学意义便越发凸显出来。基于这种情况，外语教师在所有教育体系中都会或多或少有意识地占据一个战略地位，因为他在相似与相异、内部与外部、近距离与远距离之间建立了这块空间。于是他和其他职业的人分享共同的财产：他在致力于输入或输出教学法、输入国外出版物的同时实现了教育技术的迁移。出于商业逻辑，他要想办法提升他所教授的语言和文化的价值以招徕"顾客"。另一方面，教师作为"外交家"，应该保证自己国家的影响，因为不知不觉间他已被委任为本国的代表。

语言教学和文化教学之间的紧密关系绝非显而易见：认为文化教学会自然而然地伴随语言教学的观点表明了一种本民族中心主义的视角，而非能够观察到的现实。所以我们要在此提出以下假设：外国语言和外国文化之间的关系取决于该语言在被教授国家的国情；在本国课堂环境中描述一种外国文化时应当遵守特殊的规则。我们试图揭示的正是这些规则，它们构成了我们称之为"课堂描述"（la description scolaire）的特征。在本章中，课堂描述将自始至终被理解为一个民族整体的表达，它参与学生民族身份的建构。本章试图说明国家之间的力量对比是如何影响外语课堂的。

在本地教育体制有意将民族归属原则纳入其中的时候，外语教师便处于一个自相矛盾的地位。他就像特洛伊木马，理应促进外国语言和文化的教学，但他所效力的教育体制却力图将教学引向本民族身份的提升。于是，就像是在一种教育体制内部，两种或好几种文化的共存只能基于它们之间的竞争关系一样，褒扬一种文化必然会贬损其他文化。如果教学材料对地理空间（各个国家）划分等级，并指出其历史、经济和政治方面的关联或对此忽略不提，这些教学材料就有助于阐明某一既定国家对外国的看法。为了描述教外语的国家与被教授的外国文化之间的关系有何本质特征，我们建议根据以下问题展开分析：课堂上对外国文化的描述究竟有利于哪一种文化（本国文化抑或外国文化）？这就需要揭示在外语教材中褒扬或贬损某种文化的机制是如何产生影响的，以及这些影响是为哪个民族身份认同的利益服务的。

一、外语课堂上提升本地文化价值的方法

对学生所归属的民族文化——此处称之为"本地文化"——的褒扬，并非总是明确描述的内容。也没有成文的规定要贬损外国文化，这样的规定反倒是一种禁忌；通常要通过褒扬学生所属的文化达到贬低外国文化的效果。透过以下魁北克教育部给教材出版社下达的指令，就能隐约看出这种褒扬本地文化的考虑。

魁北克政府关于教材挑选的指导性原则

以下例子是魁北克政府向那些希望在公立和私立学校推广其教材的编著者提出的指导性原则[1]。这些原则适用于所有科目。

这份文件首先介绍了有关教材运作的科学特性，接着又概括了它的文化特性：

"由于教材是文化产品，同时它有传授一部分文化的功能，因此它是褒扬现实的载体。课文、插图、例子、语言和论据的选用往往反映了教材作者所属文化所特有的价值观、信仰、观点和看法。"（第4页）

在题为"教材的社会文化特征分析"的下一段落中，笔者提出编写教材的两个阶段："观察某些教材中选用的例子"并对此进行分析，以"评估他们所具有的魁北克文化的代表性，并根据这些信息所针对的学生的年龄和所属文化来评判它们的兼容性和清晰度。"（第5—6页）

该文暗示了魁北克教育的多民族和多元文化的特点（"与学生文化的兼容性和可理解性"），于是这一层面便正式地进入了教材评估的范围。必须要指出的是，与此同时，"魁北克文化"的概念也被确立为教材质量评估的一个部分。本文件的新颖之处在于把指引教材编写的文化选择作为原则隐晦地提出来（第4页），并使该原则服务于身份的确认。

1　这是挑选教学材料的指南。出自《模块2："教材的文化特征"》(*Module 2: les caractéristiques culturelles des manuels scolaire*)，魁北克，魁北克政府教育部，教学评估和教学资源总指导司，教材指导处。

不过上述没有明文写出来的原则在教材设计、编写和发行过程中往往起实际引导作用，如作者、出版社的选择，等等。在此我们尝试把课堂描述的方法一一汇总，这些方法有助于提升教授外语的国家自身文化的价值。

- **将背景设置为学生所在国**：譬如，课文中的人物在非法语国家讲法语；又或者外语只是外国科技的载体，对本国的发展有利。此时外国文化最明显的痕迹被遮盖了。

旅游信件

在外语教材中，为了能在技术上合情合理地描述学生的国家，旅游信件是最频繁使用的样式。英国人、法国人、德国人到国外旅游，他们寄给亲友的信件表现出对当地文化遗产的浓厚兴趣并成为众多的英语、法语或德语的书面材料。同时，旅游信件中的描述也总是具有推广性质。试举一例。

亲爱的父亲、母亲：

在阿联酋的首都阿布扎比度过的这一周使我产生了要在这个国家逗留更久的愿望。阿布扎比城里绿树成荫，片片绿洲美不胜收。无论我走到哪里都能感受到阿联酋人要染绿整个沙漠的决心。

尽管此地气候炎热，他们却成功地把植物栽遍了每一个角落！他们现在正在收获水果、蔬菜等。真神奇啊！这是多么不同凡响的成就，又是多么艰巨的工程！明天我要出发到该国北部一游，就从迪拜开始。

阿里叔叔非常热情地接待了我们。

请接受儿子的亲吻。

佛朗西斯
8 月 22 日于阿布扎比

节选自《谈谈阿联酋人，谈谈法国人：法国人出行指南》(Extrait de *Parlons des Emirats. Parlons des Français.* Visa pour le Français)，巴黎，Edifra，1983，第 11 页。

- **将学生的国家置于国际背景之下**：最受青睐的场景就是国家外派代表、涉外经济或文化部门、该国参与的国际机构（如联合国、教科文组织、双边或多边协议等）等。突出最能体现该国的国际地位的领域，就能够利用国家的光环来实现褒扬。例如，奥运会就是最经典的参照之一。由于体育项目的种类繁多，即使在西方体育竞赛规则占统治地位的情况下，许多国家仍能以获得一枚奖牌来证明自己的实力！此外，科技成就（如"世界上最大的堤坝"，等等）或经济成就（"世界上最大的……生产国等"），也能够促成自我褒扬的实现。

国际声誉

对所有人来说，体育课都是体育生涯的开端，是迈向胜利、决心攀上一级又一级台阶的第一步。学校就这样为成千上万的孩子开辟了体育生涯的金光大道。

保加利亚的骄傲 ——艺术体操

在 1982 年的挪威赛事中，六位艺术体操运动员获得了团体赛金牌。三位年轻的保加利亚运动员 ——拉伦科娃（Ralenkova）、伊格纳托娃（Ignatova）、拉埃瓦（Raéva）给全世界带来了保加利亚体育的荣耀。

《索菲亚新闻报道》，1982 年 12 月，第 26 页（Nouvelles de Sofia, décembre 1982, p. 26）。节选自《法语教材》（Extrait de *Manuel de Français*），索菲亚，Prosveta, LTD, 1984。

- **将对本地现实的描述投射到将来**。事情的进展仿佛如此：学生所属的文化现在隐含着不利的力量对比，这在将来会颠倒过来，变得对该文化有利。与此矛盾的是，本地教材往往采纳西方的发展观来描述本地现实：出于褒扬自己的考虑，本地教材会瞄准那些被发达国家视为成功的成就，通常是在城市规划、建筑、社会进步、以及环保等领域（如摩天大楼、妇女承担科技工作、污染控制）。

投射到将来的自我褒扬

2000 年的几内亚比绍 ——对规划部长的采访

从现在起到 2000 年，几内亚比绍应当把力量集中到三大要事：实现粮食自给，回收遗产，提高出口量 ——这是我国经济的命脉。

您能否再具体讲讲这三大要事？

实现粮食自给必须通过两个途径：一个是农业产量的提高，另一个是农作物（特别是蔬菜和粮食）的多样化。从营养角度讲，这将彻底改变居民的饮食习惯。

引进新的大米品种和增加其他禾本科农作物的栽种，如玉米、高粱、黍子等，将有利于我国农产品在国内市场的日常供应，同时也将减少农产品的进口量。

鉴别新的出口产品以及合理进口自然资源将明显有利于维持收支平衡。

节选自《法国人您好——几内亚比绍中学法语教材》(Extrait de *Bonjour le Français*. Méthode de français pour l'enseignement secondaire en Guinée-Bissao)，第 7 至 12 单元，第 147 页，巴黎，Hachette，MEN，INDE，DEPRO，1990。

以上描述方法的不足是因为缺乏对外国文化的显性参照，从而导致了对它的隐性贬损。外国文化就像一只空蛋壳，本地文化内容能毫发无损地灌注进去。

- **通过对所教授文化的描述来普及本地文化的价值观。** 本来任何对外国文化的描述都有可能展示其他价值观念体系，展示关于身体、死亡、过去、家庭等方面的思考方式，然而为了使外国文化的课堂描述与本地的价值观相符合，外国文化与本地文化的差异在此被抹掉了。这种描述间接地鼓励了本地文化的立场，于是对它的参照就仿佛普遍化了。外国文化虽然显示出某些特征，但对它的描述质量并未得到相应的保证。外国文化的逻辑被否定，代之以学生所属的民族文化的逻辑。如此一来，对外国文化的参照只不过是门面，只是为了提高课堂描述的"信度"。

适应本地文化

以下选段出自一本对外法语教材，这是一个教材从初版到终版所选用插图变更的例子：原来的插图（海滩照）中出现了穿泳衣的身体，不符合本地课堂描述的规则，所以教材编写者选择删除一个"暴露的"画面并代之以一幅毫无新意的漫画，如此一来就避免了与被视为尴尬的外国文化现实的直接关联。

初版：

法国人的假期……
对于法国人而言，旅游已经成为一种大众现象。然而农民和长者还是很难去度假。

空闲时间

夏天是外出度假的旺季。海滩是最受欢迎的休闲场所。现在四分之一的法国人对寒假也感兴趣。学校越来越经常地把孩子们送到"冬令班"，于是滑雪便不再仅仅是富人和大城市居民的体育活动。

终版：

法国人的假期……

对于法国人而言，旅游已经成为一种大众现象。然而农民和长者还是很少去度假。

空闲时间

夏天是出发去度假的旺季。海滩是最受欢迎的休闲场所。现在四分之一的法国人对寒假也感兴趣。学校越来越经常地把孩子们送到"冬令班"，于是滑雪便不再仅仅是富人和大城市居民的体育活动。

　　节选自《谈谈阿联酋人，谈谈法国人：法国人出行指南》（Extrait de *Parlons des Emirats. Parlons des Français*. Visa pour le Français），巴黎，Edifra，1983，第 26 页（初版和终版）。

二、外语教学的国情与地缘政治因素的重要性

　　根据前述所有教学手段，我们可以明确地提出课堂描述的以下原则：**在对本民族文化的褒扬是为了有利于该民族身份认同的情况下，外语教材中的描述更多地取决于教材发行国家的价值观念体系，而非教材所展现的国家的价值观念体系。**尤其在那些国际认同度低的国家里，外语教材中对自己国家的身份认同趋向最为明显。此外，对本地文化和所教授的外国文化之

间的矛盾的遮掩现象并非只存在于发展中国家。在美国和加拿大，酗酒、裸体、性关系的暗示都是课堂上的禁忌。这是某些社会所特有的禁忌，他们民族道德的建立往往基于宗教原则。人们总会本能地认为他们国家的（外语）教材不受这些规则的约束，这些规则是他国而非本国的特色，这不正是不了解自己所属文化所导致的偏见吗？

本地政权的本质也并非一成不变：集权政府（独裁或神权政府）本质上不倾向于向外国开放，因为后者有可能质疑其权威；所以，这种政权选择褒扬本国文化。不过有时候经济现实和寻求国际合作会使政权对自主原则打折扣。在这种情况下，对那些与本国利益相关联的国家的文化描述就可以起步了。最后，应该指出这些影响不仅在外语教材中感觉得到，而且也波及其他学科，如历史、地理、母语等。跨学科的利益关联恰在此处，我们将在后文中进一步加以讨论。

外语教材描述质量的评估应当致力于揭示一种冲突，即教授外语的学校所宣扬的价值观念体系和被描述的外国文化的价值观念体系之间的冲突。这些冲突往往以一种不易察觉的方式被表露出来。教材摒弃公开论战，因为它会削弱知识的权威，进而会间接地影响教学机构的形象。在追求褒扬／贬低某国文化的效果时必须非常谨慎地编写教材，使之体现于文字、插图（用插图的增添与否、彩色和黑白图像的对照来体现对某一国家的颂扬和对另一国家的贬低），体现于章节的划分和组织，甚至整本教材的设计上。例如，在外语课堂上对比两段分量不同的民族历史，当两者之间的不平衡对本地文化不利时，就要十分注意措辞。对于一个刚刚获得独立、并需要完整地塑造其民族身份的国家，问题会变得特别敏感。若要在这样一个国家里教授一种其历史长达数世纪的外国文化，就会产生一个重大的技术问题，通常要通过不提这段过于厚重的外国历史来彻底解决该问题。[1]

那么，能否认为在一个国家的内部，课堂描述的原则是永恒不变的呢？不能这样认为。因为当外语教学不仅仅由国立教育机构提供时，外国教育机构的利益往往会使该国的外语教育呈现出多样化的景观。外国教育机构提供的私立培训（例如南美的美国中学或法国中学）就是这样的情况；而更为普遍的私立培训则是由英国文化协会、歌德学院、法语联盟、法兰西学院、但丁学院等提供的。这些私立培训机构一期的学费象征性地兑换为直接接触外国价值观念体系的费用。假如一位教师为了增加工资同时在法语联盟和他自己的学校任教，他在两处代表的是不同的利益。在这些私立学校里，"学校精神"建立在对所教授文化隶属的国家积极接纳的基础上。必须指出这种积极接纳是该机构要求的，但从未明示过，可以说这是一种职业禁忌。所以说，"教授某种外语的教师"的说法所体现的"职业单一性"是一种假象，因为事实上这种说法反映了外语教师们对外国的多种立场，包括同一位教师在各种授课任务中的不同立场。综上所述，只根据明面上的语言水平来招聘外语教师会干扰对上述关键因素的认识。教师应当明白这些教育机构之间不明言的差别，否则在他终于发现这一点时，情况已经对他不利了，有时还要付出被解雇的代价。

1　由于这些年轻的国家不是都拥有训练有素的教师队伍，该问题便显得更为突出。阿联酋就是一个典型的例子。它于 1968 年成立联邦制国家，在 1971 年英国军队撤离时，不得不求助于相邻的阿拉伯国家，引进了一大批移民教师。正是这些非阿联酋籍的教师为该国民族身份的建构作出了很大贡献。

三、外国文化价值提升与本民族身份认同

在什么语境下外国文化可享有价值提升效应？也许可以根据上面列举的因素推导出这一点：老牌民主国家、拥有悠久历史的民族在其教育体系中欢迎对外国文化的描述，只要外国文化在突然进入外语课堂时不至于引起他们民族情感意识的危机。从更广泛的角度上讲，国际上的承认为从整体上承认外国文化提供了一个有利的语境。经济繁荣，例如属于七国集团（G7）[1]或者属于二战的战胜国一方的事实都能够解释为什么某些国家可以毫不吝惜地从正面明确地描述外国文化。不过这样就可以避免民族中心主义的分析所带来的危险吗？以下原则会提供令人更加满意的答案：**属于同一个意识形态区域的文化之间相互持有正面的看法**。更确切地说，是本国文化与所教授的外国文化之间利益的关联保证了前者对后者的积极看法。这意味着同一种教育体系根据不同的国家和自己国家的意识形态的远近可与其产生不同的关系。

对外国文化的褒扬，无论它是有利于学生所属的文化还是有利于所教授的文化，都会以下列方式表现出来：

---

1 G7（Group of Seven），指原来的七国集团，或称"西方七大工业国"，即加拿大、法国、德国、英国、意大利、日本、美国，经济较发达。1997年，俄罗斯被接纳为第八个成员国，从此G8（Group of Eight）即八国集团代替了G7。后来，随着二十国集团架构的日趋成熟，并为了反映新兴工业国家的重要性，1999年八国集团（G8）财长会议提倡成立二十国集团（G20，Group of Twenty）。G20集团成员国的领导人于2009年宣布该组织已取代G8，成为全球经济合作的主要论坛。——译者注

- 强调所教授的文化的国际影响（其"输出的"经济、政治、法律、科技等领域的模式）；

- 围绕本国的历史形象和未来形象的同时提升来展开描述。就这样，描述遵循一条历时轴线，在昭示进步的动态上升趋势中展开，把最受国际社会仰慕的文化传统和当代科技成就结合起来；

- 最后，对外国文化的课堂描述打开了一个比本国疆土更为开放的空间，因为本国疆土过于狭窄，不足以证实国际层面文化的影响力。现在殖民主义政策的论据已在解释利益的关联时成为禁忌，于是在课堂上对外国文化的描述就要更多地建立在共同语言资源的基础上。由于"法语国家共同体"的概念的影响，凡是在过去流行以"民族共同体"为参照标准的地区，现在已用"共有语言遗产"的参照标准取代了民族共同体的参照标准。法语国家共同体的概念在法语作为外语的传播中具有重大的战略意义，不过当该概念被用来为法国的利益服务时，它对"民族归属"[1]的定义一贯是模糊不清的。

综上所述，我们可以认为，**褒扬与贬低差不多，都不能够使描述更为明晰和精准。**

---

1 伊夫·蒙当（Yves Montand）、伊莎贝尔·阿佳妮（Isabelle Adjani）、勒柯布西耶（又译勒科尔比西埃，Le Corbusier）、玛格丽特·尤瑟纳尔（Marguerite Yourcenar）、雅尼克·诺阿（Yannick Noah）、雅克·布莱（Jacques Brel）等各界名人的名字经常出现在对外法语教材中，他们象征着法国文化在海外的名气，但他们的非法国血统却往往被忽略不提。

褒扬 / 贬低的效果
以协和飞机为例

英国发行的明信片图案（Whiteway Publication 版权所有）

星期天在墨西哥机场，协和飞机第一次着陆，比预定时间晚了四个半小时。这使成千上万准备参观和拍照的人——其中许多是孩子——都大为失望。

协和飞机因为在奥兰多（美国佛罗里达州）意外地出了点技术故障而滞留了几小时，所以直至夜幕降临才到达墨西哥。此时仅有那些耐得住漫长等待之疲的仰慕者们在注视着它。

《人道报》，1982 年 11 月 2 日

（*L'Humalité*, le 2-XI-1982）

铁一样的事实
汽车制造业（世界排名第四）由两大企业领头：雷诺（国企）和标致—雪铁龙；
铁路装备（包括高速火车）；
造船工业 *（世界排名第四）：
圣纳杰尔（St.Nazaire）和拉西约塔（La Ciotat）的造船工业处于困难境地；
军工业 *（世界排名第三）；
航空工业 *（世界排名第四）：
拥有快帆式喷气机、协和飞机、空中客车。
世界排名第六的化学工业
重型化工
轮胎产业
医药制品
纺织工业：正在消失的传统工业
羊毛、棉花、亚麻（北部和东部）、丝绸（里昂）
未来属于电子工业
信息业
机器人制造业 *

全速前进
一路顺风！
法国的道路星罗棋布。
作为统一法兰西的交通工具，这些道路修建于封建王朝时代。条条道路都通达巴黎。
高速公路是收费的。商品主要通过陆路运输（45% 的运输量）。大巴运送旅客仅限于短途。

奔驰的火车
在法国，几乎整个铁路运输网都由法国国营铁路公司管理。法国火车享有准点的好声誉，但也有各省之间连接不通畅的坏名声……火车比汽车经济划算，是多亏了售票的政策……

高速火车 = 时速 260 公里
（1980 年开始运营）

　　"法国没有石油但是有创见"，节选自《永远的法国》（"En France on n'a pas de pétrole mais on a des idées"，extrait de *La France de Toujours*），巴黎，Clé international，1987，第 16 页。协和飞机图片：© Air France。Photo X- 高速列车图片：© SNCF-CAV-Michel Henri。

引自《法语教材》，第二阶段，十一年级[1]（*Manuel de Français. Niveau II. 11ème classe*），索菲亚，Editions Prosveta, LTD, 1984, 第 162 页。

高科技产品象征着一个国家的科技成就。但是尖端技术需要大量的资金和高水平人才，其成功若无多国的合作是无法想象的。作为法英科技和工业合作的成果，协和飞机先是被当作英国的成就出现在英国明信片中，继而被当作法国的成就出现在对外法语教材中。不过在冷战[2]时期，当"铁幕演说"[3]把西方世界划分为以美国为首的资本主义阵营和以苏联为首的社会主义阵营的时候，协和飞机在保加利亚出版的一本法语教材中被当作失败的象征。

对外国文化的褒扬性描述也会有助于本地民族文化价值的提升。一个拷问其民族身份根基的国家（例如，"民族的"形容词在该国是贬义的）可以依据它与另一国家直接或间接地共同拥有的过去，从颂扬这一外国文化中受益。阿根廷、巴西是历史上接受欧洲移民的国家，它们宣称向欧洲开放，这和他们民族身份的确立毫不矛盾。法语国家共同体的成员国

---

1 20 世纪 70 年代中期后，保加利亚中等教育结构与生产需要不适应的矛盾日益突出。为解决这一矛盾，该国于 1979 年颁布有关决定，建立集普通、综合技术与职业教育为一体的十一年制综合技术普通中学，以取代各种类型的中等学校。——译者注

2 冷战是指 1947 年至 1991 年之间，美国、北大西洋公约组织为主的资本主义阵营，与苏联、华沙条约组织为主的社会主义阵营之间的政治、经济、军事斗争。——译者注

3 1946 年 3 月 5 日，英国前首相温斯顿·丘吉尔在美国富尔顿发表"铁幕演说"，正式拉开了冷战序幕。——译者注

也能够通过描述外国文化背景来提升其民族身份认同，这样每个成员国就可以参与建设好一个能适应各种情况的法语国家共同体，使这个共同体能够以最好的方式为其国际利益服务。譬如，瓦莱达奥斯塔自治区有意捍卫它在意大利国家内部的法语地区特征，那么它只要表现出自己和比利时、瑞士、魁北克等国家和地区的法语社团是团结一致的，就能争取到一切权益。而瓦莱达奥斯塔自治区并不会在非洲和亚洲的法语社团中寻找国际同盟。另一方面，非洲国家的身份认同则通过安的列斯群岛和巴西的黑人身份的提升来增强国际影响。

通过推广外国文化来提升本民族身份认同

在加拿大的英语教材里，为北美身份（une identité nord-américaine）的确立而规定的几个标准有利于促进讲英语的加拿大人的身份认同：

- 把参与和促进消费社会作为要培养的价值观（语言教学活动围绕饮食行为和营养平衡的概念进行，等等）；
- 定义事业的成功（通过一些教学活动来鉴定，例如题为"如何为自己的产品做广告""普通人也能够成功""达到你的目标""在困境中作出积极反应"的教学活动）；
- 以北美和世界其他国家的关系为轴线形成对外国的看法。

讲英语的加拿大人回避在法律上分割的美加两国的政治边界，他们对美国价值观的承认有利于自己的身份认同。他们收获了强大邻国辐射过来的象征性利益，从而得以在法语地盘上传播他们自己的语言。

案例选自夏朗、夏斯勒、勒费弗尔、洛尔、纳多、雷蒙、罗斯合编的教材《414航班》(Exemples pris à partir de G. Charland, A. Chasle, D. Lefebvre, G. Lord, D. Nadeau, B. Raymond, G. Ross. *Flight 414*)，蒙特利尔，LIDEC.1988；以及班古、巴洛、邦卡夫斯基合编的教材《第一幕》(et de R. Banko, J. Barlow, F. J. Bonkavski. *Take one*)，蒙特利尔，ERPI，1985。

　　如上述例子所示，超越国界能缓和本民族文化和所教授的文化之间长期潜在的竞争关系。事实上课堂描述所涉及的这些国家处于**相似文化**的关系中，与历史上他们之间曾经有过的冲突关系毫无瓜葛。按照同样的逻辑，一个欧洲统一身份的建构可开辟新的前景，只是这些前景仍然还有模糊之处。尽管像以上案例所示，欧洲统一身份的提升有赖于欧洲共同体十二国[1]的相似文化的滋养，但是欧共体并无意威胁各个成员国自己的身份。《马斯特里赫特条约》[2]的第126条把"选择教育内容和组织教育体系〔……〕的责任"交还给每个成员国。对外国表征（外国观）的课堂描述还是由各国自己负责。保留给欧共体的"补充条例"(la subsidiarité) 则为实现下列目标发挥作用：

1　欧洲共同体是二战后西欧国家推行欧洲经济、政治一体化，并具有一定超国家机制和职能的国际组织，又称欧洲共同市场，简称欧共体。1986年，欧共体成员增至12个：法国、联邦德国、意大利、荷兰、比利时、卢森堡、英国、丹麦、爱尔兰、希腊、西班牙、葡萄牙。欧共体是欧盟的前身。——译者注

2　《马斯特里赫特条约》，即《欧洲联盟条约》，于1991年12月9至10日在荷兰的马斯特里赫特举行的第46届欧洲共同体首脑会议上签订。这一条约为欧共体建立政治联盟和经济与货币联盟确立了目标与步骤。——译者注

"发展欧洲层面的教育，特别是通过成员国对各种语言的学习和传播来实现；促进学生和教师的流动，包括鼓励各国互认文凭和学习阶段；促进校际合作；在成员国教育体系所面临的共同问题上加强信息和经验交流；促进青年和社会教育组织者之间的交流；鼓励和发展远程教育。"《马斯特里赫特条约》确认每个成员国都在规定教学内容，以及决定如何描述它与其他国家的关系方面拥有自主权。该条约在数量上推动了欧共体成员国之间的交流潮，在质量上则促进了不同国家的意识表征间的相互关联。

外语教材对地缘政治关系的变化高度敏感。从这个意义上说，教材是不会过时的。出版商总是让我们思考教材的时效性，因为他们天性就倾向于刺激消费。而教材是名副其实的历史产物，见证着某一特定国家中特定的某一代人经历社会化时所处的环境以及世界各地区之间真实的关系状态。此外，教材的大量出版，使获取变得更容易。

当外国文化在教学的某个阶段被引入，此时学生又处于社会化过程中的时候，外国文化会顺从所处环境并发生变化：它在本地文化的利益和外国文化特有的利益之间往往会默契地进行妥协。这种二元关系从来没有平衡过：褒扬其中一种文化必然会贬低另外一种文化。这种不平衡的结果会影响教材设计本身：如果课堂描述着眼于文化的相似之处，那么文化之间的差异则容易被忽略；不同交际体系之间的障碍、两个民族之间过去的或潜在的冲突都被驱逐到学校空间以外。学校"本能地"采纳一种缓和各民族间关系的描述，不过这是不能与"中立"概念相混淆的。

如何分析您所处教学环境的特点?

在所有学生都来自同一个国家的情况下，我们提出几个问题，旨在归纳出文化被教授的国家（外国）和学生的国家之间在关系上的特点：

- 在历史上这些国家相互之间是否曾经有过直接的文化影响？在什么时候？这些影响是否是在一方统治的模式中产生？影响或曾经影响了什么领域？哪些决策机构或哪些业界对这些影响予以正式承认？

- 在您的学生所属的国家和外语教材所描写的国家之间是否产生过冲突？哪一代人被卷入过这些冲突？学生这一代？您这一代？您父母那一代？又或者这些冲突发生在更早的年代？在哪些领域中不同的民族价值观念体系是不能相容的？

- 在您使用的教材里，哪些国家是被作为您所教语言的代表来介绍的？哪些国家被边缘化了（例如，后者在教学大纲的最后阶段才在有限的篇幅里加以介绍，或只是以影射的方式略提一下）？哪些国家被遗忘了？

- 在您使用的教材里，外国文化的描述在哪里展开？在您自己的国家？还是在讲这门（些）语言的国家（外国）？

- 您教学的机构代表的是您自己国家的价值观，还是您所教授语言的国家（外国）的价值观？

- 现在您在课堂上对外国文化的描述依据的是现在的逻辑，这在您学生时代是否行得通？（请重新拿出您学生时代用过的课本）。如果答案是否定的，那么有哪些因素可以解释这种变化（例如，您自己的国家或您研究的国家的政治方向变化，从这个/些国家有大批移民去了您的国家，或您的同胞们移居到那边，等等）？

第二章　外国表征 [1]

　　近 20 年来，基于 20 世纪 60 年代末有关词汇学的研究工作，语言学习与文化教学的关系得到了极大的重视 [2]。人们在把词汇学和世界观联系起来的基础上开展分析和实践，这些工作成果随后得到了广泛的普及和应用。但是，这些相关参考仅仅有助于产生以所教授的文化为中心的课堂描述和寻求认识论上

1　"表征"是认知心理学的核心概念之一，指外部事物在心理活动中的内部再现。本书中表征主要指"社会表征"。社会表征旨在从社会文化层面探讨人们对各种现实问题的共识，包括某一社会群体共享的对其他社会群体的大致相同的认识，也就是"外国表征"（通俗说法是"外国观"）。这些共识里往往存在着大量的刻板印象和偏见。近年来，社会表征和外国表征的概念在外语教学界引起了越来越多的讨论。——译者注

2　在法语作为外语教学的领域，有两大划时代的事件，它们势必成为语言教学与文化教学相结合的教学法的转折点：一是弗朗西斯·迪比塞（Francis Dubyser）的题为"语言与文化的关系之于初学者"（Le rapport langue-civilisation aux débutants）的文章，载于《法语在世界》（Le français dans le monde）1967 年 4—5 月第 48 期；二是在智利圣地亚哥召开的专题研讨会（1970 年 7 月 16—28 日），《法语在世界》杂志在 1971 年 1—2 月的第 71 期中专门提及此次会议。

为了寻求理论依据，这些研究立足于"词汇"和"文化"之间关系的研究："试举一个简单的例子。一个生活在中美洲的印第安人农耕部落的语言所反映的现实，是不同于在雪中狩猎或挖冰捕鱼的爱斯基摩人的语言所反映的现实的。这两个民族的词汇是不能够一一对译的。因此，各种语言对'普遍'现实的反映都不一样；每种现实都由一个社团本身的经验所塑造。"——引自智利圣地亚哥专题研讨会的总结报告。

的合理性，这种描述脱离了外国文化教学所处的各种不同的地
缘政治背景所特有的限制。

一、普遍化描述的局限

　　围绕语言与文化的关系建构起来的外语教学法采纳的原则
如下：所教授的语言和文化之间是单一和不可分割的关系以及
文化内部要协调一致。要向学校环境中的某些不了解外国文化
的学生描述这种文化，就要采纳外国人的感知系统和他们为自
我分类而使用的分类方法。该分类法是外国人内部使用的原
则。当这些从经验中产生的分类在学校环境中形成系统的时
候，它们的使用便势在必然，并且带有普遍化的趋势。**所谓普
遍化的描述，是指一切对外来文化的模仿性描述，即模仿外国
人对自己文化的阐述系统，趋向于低估阐述外国文化的当地接
受环境**。人们似乎相信具备普遍性的东西才具备科学信誉，因
为普遍性描述恰恰不受各国所特有的差异所影响。可是他们却
发现一旦涉及外语教材，普遍性只是自我标榜的原则，而不是
真实可见的效果。在这种情况下，普遍化的描述只是学校教学
的方式之一。我们只能对这些自称普遍适用的教材提高警惕，
尤其是对那些将其出版地为所教授文化的国家作为其普适性依
据的教材。这类教材和本地出版物一样，都会损害出版地的利
益。由此我们提出一个相反的假设：**课堂描述越具有普遍性倾
向，就越容易引起民族中心主义倾向的阐述所带来的危险，其
描述质量也就越缺乏保障**。

二、客观性、主观性与课堂描述

　　对外国文化的课堂描述要做出选择：要么强调学生所属文

化和所教授的外国文化之间的相互关联，要么掩盖两种文化价值观的冲突。在一种教育体系内部，难道就没有一种方式能取代这两种相异的描述模式，即强调文化间关系的模式和缓解文化间冲突关系的模式？我们的目的是在此指出，表征概念如何能够超越这两种相异的模式，如何深入讨论两种民族文化之间的差异问题，并在外语课堂上开辟新的教学前景，把学生的社会身份置于外语教育的中心。

主观性在学校中被怀疑为"不科学"，被视为对知识的一贯干扰。即使在中学教育的最后阶段，学生分析问题时似乎已经超越了主观性和客观性的对立，但是在实际运用中，学生仍然趋向于使用客观性的概念，把它当做智力工具，排除主观阐释与客观阐释的一切妥协，以确保客观阐释与真实情况之间的无可争议的关联。如果说在这个阶段，主观性在所有可使用的概念当中尚存一席之地的话，那么这只是为了对个人身份或情感行为进行思考，特别是为了在我们的外语教学领域中对文化背景不同的个体存在的差异进行思考，并以此作为对"文化相对论"的充分践行（"我们都是不相同的"）。学校致力于与"真实"建立一种恒久不变的关系，而表征概念则相反，它引出"感知"概念来进行深入探讨。感知概念经常通过"形象""视角""意见"等常用词得以普及[1]。在此我们想让读者明白，表征概念是如何使社会科学和外语教学建立联系的；该概念是如何引出课堂上对文化的描述的。在这种描述里，日常生活的每个细节都蕴含着意义，但对这些意义的解读

---

1 有一点很能说明问题：这些词语虽然是日常用语，但也和"感知"一词一样，属于心理学的范畴。

可能是随意的，因为它们从未得到完整的表述。日常生活又被视为是复杂的，人们在把握现实的时候要利用情境，有时要使事物脱离其原有的规则，还要在身处当下时探测自己的记忆，简言之，就是要把他们的身份印记铭刻在与现实的关系上。

　　此外，"个人"一词并非定义为一个独一无二的"心理人"。社会"人"（"agent"[1] social）一词，是兼具象征性表征和物质性的社会学[2]术语，反映了对社会身份的一种动态视角，比"主体"（sujet）[3] 的社会身份更为动态。"主体"这个词引出的是另一种描述，在这种描述中，个体受到社会制约而处于从属地位。而前述动态视角则明确地把一切社会人都置于不断变化的社会结构当中，他们可从中兑现象征性的利益。由此可见，社会表征并非各种不同的主观性的集合体，相反却是群体社会创造的结果。社会人可以在这个创造过程中建构他们认知现实的模式。一切在语言的日常运用中理所当然地被认为属于主观性的东西（激情、情感、感动）和在各学科中被认为属于心理学的东西，在此都将作为社会建构来探讨。这是头脑中的"图式"在实践中的体现，它们引导我们对世界的感知，特别是引导我们与他者关系的感知。在纯客观性的定义中，现实是通过追求一种纯粹的真实并避开一切偶然因素来达到的。我们在此

1　这里援引的是词源学上的意义：法语词 agent（来自拉丁词 agens）指"施动者"，与"受动者"（法语词 sujet，来自拉丁词 subjectus）相对立。

2　华康德（Wacquant L. J. D.）："前言"，载于布尔迪厄：《回答》（« Introduction», *in* Bourdieu P., *Réponses*），巴黎，Seuil，1992，第15页。

3　这里援引的是词源学上的意义：法语词 *sujet*（来自拉丁词 *subjectus*）指"主体"，也指"受动者"，与"施动者"（法语词 *agent*，来自拉丁词 *agens*）相对立。——译者注

提出一个相反的假设："我们看到的社会现实在很大程度上是社会表征，或者是社会表征的产物。"[1] 如此，表征不会直接引向现实世界，它只是一个在表层上包裹着真实世界的浓缩体。但是表征有助于建构现实并成为其组成部分。**社会表征是一种不折不扣的认识现实的方式。**

三、外国表征：方法问题

"集体表征"的概念在社会心理学领域很常用，它使隶属于一个群体的关系成为一个基本的先决条件。的确，社会表征在所属群体和他者之间划出边界，确立了"相近和类似，遥远和冲突"。[2] 社会表征给世界安置秩序。既然分享表征就意味着加入某一群体，确认一种社会联系并致力于巩固这种联系，那么表征便参与了建构社会身份的过程。人们趋向于认为，"外国"表征是对其所属群体外部现象的感知，因而在某种程度上是一种特殊的情况，与自己身份的确立无关。但实际上，默认本群体有意与之区分的其他群体反倒有助于该群体身份的确立。如果说任何表征都是身份建构的一种方式，那么矛盾的是，"外国"表征却是引发反思自己身份的运作机制的最佳途径。表征不仅与其产生空间的描述有关联，它们同样适用于产生这些表征的群体之外的其他群体。它们处理本群体与他者的关系，并致力于根据本群体内部的参照系来为"外国"命名。像其他所有种类的表征一样，**外国表征反映出产生了它们的群体的身份。**

可能会有一种危险，就是在描述表征时只看到一种分类

1　布尔迪厄（Bourdieu P.）：《言说之事》（*Choses dites*），巴黎，Éditions de Minuit，"常识"文丛（Collection Le Sens Commun），1987，第 69 页。

2　布尔迪厄（Bourdieu P.），出处同上，第 93 页。

法，它欣喜而准确地将各群体间关系的本质加以固化。可以推测到，一种有意排除社会关系中存在争议看法的教育体系，是如何绕过这种对身份的反思来提供对社会关系的刻板描述，并把这些规律性的现象过度系统化的。诚然，表征"表现为不同的感知类别、看待和划分世界的原则、合理的分类"[1]，因而能够解释在对他者的感知中形成的种种规律。但是这些表征本身对社会空间也在进行动态的解读。这个社会空间被力量对比所搅动；被各种斗争所搅动，如"为分类而进行的斗争，为强加各种分割空间的方法而进行的斗争，为统一或分裂而进行的斗争"[2]；被"人们自我归类和对他者归类的策略"[3] 所搅动。社会群体之间互相交流感知的活动以及这些感知的相互作用，把对表征的描述置于象征性的力量对比当中，这种力量对比很有可能要重新审视，改变甚至颠覆。**与被描述群体之外突出划分和分类的客观主义描述相反（客观性正是以这种外在性的名义得到确认），双方感知的互动和互相施加的影响导致社会空间的动态重组。**凭借"交叉目光"，感知的相互性得到了强调，由此产生的变化便清晰可见了。而这些变化是由双方运用各自的分类方式以及他们为命名相关群体而归因或否认的新特性所引起的。按照客观主义描述的逻辑，根据一个唯一的意见，通常是一位"专家"的意见就可以拍板；但凡是在这种地方，势必存在另外一种描述的逻辑，即有必要同时描述多种和可供对比

---

1 布尔迪厄（Bourdieu P.）：《言说之事》（*Choses dites*），巴黎，Éditions de Minuit，"常识"文丛（Collection Le Sens Commun），1987，（脚注 24、25），第 69 页。

2 布尔迪厄（Bourdieu P.）：出处同上（脚注 24、25、26），第 93 页。

3 布尔迪厄（Bourdieu P.）：《区分：判断力的社会批判》（*La distinction*. Critique sociale du jugement），巴黎，Éditions de Minuit，1979，第 563 页。

的表征。在这种情况下，二元结构是最简单的结构，而范围更广泛的表征会引入一种更为复杂的描述模式。

这些实际或潜在的变化在一个充满各种限制因素和等级竞争的空间展开，于是一个社会群体在建立其世界表征的合法性的同时会损害另一群体的利益。社会表征投射出对社会的分级描述，该社会以阐明统治（和被统治）的关系为己任。**各种表征并非共处于一种普通的并列关系之中，而是共处于一个竞争的空间，在此，目标是为争取社会的，有时是政治的承认而开展一场象征性的斗争。**

四、远距离和近距离感知"外国"的不同效应

"外国"在某个既定社会被承认的程度可根据该社会群体采纳的思考世界的分类法来衡量："一个群体能否被列入正式分类中取决于它的这些能力：让人承认、注意和接纳的能力，也就是往往经过激烈的斗争才在社会秩序中赢得一席之地和避免非法存在的能力。[……]群体与指称它们的词汇有关联。"[1]要指出的是，"外国"被承认的程度越低，其存在就越难合法化。在一个国家里，给予外国人一定的地位可通过许多方法来实现：例如与获得或失去国籍相关的法律、进入某国要履行的特殊手续、对"外国人"概念的解释[2]，等等，都直接或间接地

1　布尔迪厄（Bourdieu P.）：《区分：判断力的社会批判》(*La distinction*. Critique sociale du jugement)，巴黎，Éditions de Minuit，1979，第 560 页。

2　法国公众舆论对"外国人"的解释特别模糊，报刊也常常将着发表些粗略的估计，而无视科学性强的严谨数据。1991 年 9 月 21 日的《费加罗杂志》刊登了一个民意测验，提出了下列问题："根据官方统计数据，现在法国的移民人数与十年前持平。这是真的吗?"《费加罗杂志》信赖公众针对这个问题发表的意见，而该问题却要求首先对"外国人"进行明确定义，正如我们将在下文中说明的那样。

反映了这一点。

从国籍法角度看外国人 [1]

国籍法进一步阐明获得或失去国籍的必要条件,却不明确定义外国人的概念,因而要通过以下条件凸显外国身份。

有两种互相对立的法律逻辑用于国籍的确定:

- 出生地法(*Le jus soli*),即根据出生所在的国家,或者根据当事人或其直系尊亲属(先辈)(*Le jus domicili*)在该国逗留的时间来给予或获得该国国籍。

- 血缘法(*Le jus sanguilis*),即通过血缘关系(视情况而定:母子关系和/或父子关系、合法子女、私生子女、收养子女)给予或获得国籍。

比利时、法国、意大利、荷兰、德国、英国融合了上述两种法律逻辑。孩子在比利时或国外出生,但其父母中一方为比利时人,他就是比利时人(*Le jus sanguilis*,**血缘法**)。同样的,在意大利、荷兰、德国、法国和瑞士,通过亲子关系可自动获得这些国家的国籍。英国本土主要实行的是出生地法:任何在英国出生的孩子都是英国公民,不过从 1983 年 1 月 1 日开始,他还必须有一个英国父亲或母亲。与此相反,血缘法则适用于在英国国外出生但其父亲或祖父是英国人的孩子。

---

1 该材料根据《法国国籍》文件编写。详细出处是:《法国国籍》(1985 年 9 月 17 日)(*La Nationalité Française*, 17-9-1985),巴黎,国家移民委员会、社会事务与民族团结部、人口与移民局。(请注意 1993 年间法国发生的变化)。

根据**出生地法**（*Le jus soli*），在意大利出生的外国人或其父母在意居留至少10年的儿子可享有意大利国籍；已在英国或英联邦国家登记居留或入籍的外国人，或者1983年1月1日以来其父母中至少有一方已在英国"定居"即永久居留的外国人，可享有英国国籍；在法国出生但其父母是外国人的孩子，在他成年时可享有法国国籍。

在意大利，外国人可通过婚姻获得其意大利配偶的国籍；在法国同居6个月以后便可获得法国男/女友的国籍。在德国，外国配偶如失去或放弃原国籍，在不存在出于国家安全的反对意见的情况下，便可获得德国国籍。在英国和荷兰，通过婚姻途径获得国籍仅限于嫁给英、荷两国国民的外国女性。

加入上述国家的国籍也取决于在这些国家居住的年限：荷兰（最近5年）；法国（5年，条件是道德品质好并融入法兰西民族）；意大利（5年，不过要根据"为意大利服务"的概念调整该期限）；德国（10年，同时要放弃原国籍，且行为无可指摘）。在英国，加入其国籍的权利仅限于以下几类人：直布罗陀海峡英国领地的公民、英国公民的妻子、在英国居留了5年的外国人（如果他们是英联邦和爱尔兰公民的话）、或者那些在1983年1月1日之后出生于英国并且在此"定居了"的外国人。其他人不享有这种权利，他们加入英国籍取决于当局的相机行事权。

英国明确规定公民身份的等级（5种：英国公民，英国附属领土公民、英国海外公民、英国属地公民、受英国保护人士）。如同英国和前大英帝国之间历史关系的痕迹显露在这些对外国人和英国公民的各种定义上，历史痕迹也显示在比利时法律中（出生在独立前臣服于比利时的前殖民地国家——刚果、卢旺达、布隆迪——的孩子可通过血缘关系成为比利时人）；显示在荷兰法律中：在苏里南出生的孩子，如果其父母此时已在该国居住，可成为荷兰人；显示在法国法律中：来自交趾支那（越南南部地区旧名）、河内、海防、岘港的人，以及来自印度、阿尔及利亚、阿法尔和伊萨领地的前法属机构的人，或者在更广的范围里，来自已经独立的前法国海外领地的人，都有可能加入法国国籍。

制定法律是为了细致地组织能区分本国公民和外国人的空间并使之等级化。每一个非公民在他们想获得其国籍的国家政府面前，所具备的资本或缺陷都是不一样的。于是该边界以外的空间被逐级划分为或多或少能优先取得该国国籍的区域。这些区域都同样刻上了两国之间维持的历史关系的法律印记。任何紧密关系的缺失，无论曾经体现于相互依存的关系或相互冲突的关系，都表现为最大的障碍。如果目标国国籍的申请者的祖国在该目标国历史上了无痕迹，他会因此而更加凸显出自己是"外国人"。

某一既定国家中各类外国人的"远""近"程度也能透过法律之外的其他现象观察到。各种日常生活的场景也能产生分类。如果这些分类是经验式的，它们也同样适用于对外国空间的分级看法所进行的整理归类。语言准确地阐明了这一过程。[1]"过境"可作为其他行政上分类的例子。例如，在法国和瑞士边境的海关处还清晰可见的指示牌上，"欧洲共同体公民和瑞士联邦共和国公民"被视为一类人，而这两种公民的法律身份其实是不相同的。

即使教材从相近文化的角度介绍本地文化与外国文化之间的关系，国境线仍被视为两国共享的一条无法消除的分界线。值得注意的是，课堂上的描述极不重视那些直接实践外语的经验或者对此完全忽略。这些经验包括双语环境（混血儿、移民、出国经历等）、暂时或永久地派驻国外、乃至所有询问身份归属的场合，而这种询问有助于对两国之间的空间进行分级描述。在外语界，"外国"的概念始终得到确认，但却从未引起过深入讨论，然而该概念在外语学习中是处于核心地位的，在大部分教材里都作为一个明显的事实而起作用。

1　以下对英语、希伯来语和阿拉伯语的分析分别来自安娜·戈尔贝（Anne Corbet），阿尔芒多·贝罗尼（Armando Berrone），马吉·阿里·布阿萨（Magid Ali Bouacha）等人的文章，在"家庭与外国"——国际家长教育联盟研讨会上宣读，后载于《教育与教学法》(*in* "Les familles et l'étranger", Colloque de la Fédération Internationale pour l'Education des Parents, *Education et Pédagogie*)，塞夫勒，CIEP，1993 年 3 月。
　　在英语中，*stranger*（异乡者；外国人）既是当地人应当接待留宿的对象，又是当地人所属群体之外的人；*foreigner*（外国人）则指不折不扣的他者即外国人。*Ousider*（外部；外面）与表达一种可引起惊讶的差异更为相关，*immigrant*（移民）则是非本族人。在希伯来语中，形容词 *nokhri*（外族人）既意味着别的敌对者，但也含有并非不可逆转的状态之意，就像逃亡到伯利恒（巴勒斯坦中部城市，耶稣的出生地）的路德，他作为外族人（*nokhriyyah*）得到波阿斯的关心。此外，如同逃到埃及的摩西那样，*ger*（住在异乡的人）是那种暂时在某地逗留的人，处于定居者和漂泊者之间。在古阿拉伯语中，词根 *aejam*（指"非阿拉伯人；外来人"）和其派生词含义为非阿拉伯人甚至可扩展到野蛮人。在马格里布（Maghreb，指北非三国），*garib*（外来人，外来客）是"远方来客"之意，*maghreb* 这个词也由此引申出"西面"或"西方"之意。

课堂上对身份的简单化描述方式

Carnet de identidad

¿Cómo se llama este muchacho?
¿Cuántos años tiene?
¿De qué nacionalidad es?
¿Dónde vive?

OBRAS

— ¿Tienes tú un carnet de identidad o un pasaporte?
— Yo tengo..., yo no tengo...
— ¿Cuántos apellidos tienen los muchachos españoles? Y tú ¿cuántos tienes?
— Los muchachos españoles..., yo tengo...
— ¿Cuántos años tienes?
— Yo tengo...
— ¿De qué nacionalidad eres?
— Soy...
— ¿Dónde vives?
— Vivo...

节选自《语言之路：西班牙语一年级教材》，巴斯特拉系列教材（Extrait de *Caminos del Idioma*. 1re année d'espagnol. Collection R. Basterra），巴黎，© Didier，1987，第 15 页。

该课文片段的内容是目前外语入门课程中的典型内容。问题不在于否认这类课文本身在语言上的意义，而在于审视它们是如何描述社会身份认同的。我们注意到，此处首选的文体是行政文体（参照身份证或护照），确定身份的参考项（姓名、年龄、国籍、出生地、职业）又落入刻板印象的窠臼中。其实也可以选择其他参考项（地区归属、某年代生人、家庭历史、先前与外国接触的经历等）。这种对身份的初步描述极少会在以后的课文中重提和深化，可以说这只是以民族身份和社会职业为主要内容的最低限度的参考依据。概言之，在外语学习的初级阶段，首选的教材版本往往是身份描述简单化的版本。

五、表征概念如何改善外国文化在课堂上的描述？

为了纠正在社会身份描述中的固化倾向，可利用表征概念深入探讨学生和所教授的外国文化之间的关系，以及学生与他的身份认同之间的关系。运用表征概念，能够更加凸显各种不同的教学背景；能够解释社会关系的复杂性，以提高对外国文化的描述质量；并有效地促进教材的设计工作。

与假设"只有文化内部的描述是合理的"这种普遍化的倾向相反，外国表征概念建议采纳**多样化的描述模式：即课堂描述建立在学生与所教授的外国文化之间专有而独特的关系之**上。学生在学习外语之初对这种关系的感知成为采用一种教学法的起点：这种关系有无刻上两国冲突史的烙印，或者现在有无朝着一个积极的或消极的外国观（尤其指对所研究国家的看法）演变？学生是否有机会大量接触不同的外国文化习俗（离家在外国逗留，举家移居国外的经历）？通过这些问题和答案，教师便可从相似或迥异的角度给当地文化和所教授的外国文化之间的关系定位，采用合适的教材，让非本族人（学生）也有权利阐释目标国家的文化。

如果在课堂描述中引入当地人（学生）对外国文化的表征（看法），那么外国人对自己文化的表征将处于何种地位？尽管外国人的自我表征（对自己的看法）不再是外国文化唯一的信息来源，它们作为自身产生的表征仍然占有特殊的地位。**一种文化自行产生的自我表征是描述社会事实的必不可少的因素之一，它们能揭示某一既定社会群体的内部动因，并鉴别出该群体在社会空间中为自身利益所要求占据的位置**。在这个意义上说，自我表征在课堂描述中占有一个特殊的地位。

教师在课堂上描述外国文化时，大部分时间都在做依据要点简化社会现实的工作。依据要点就意味着要对描述的内容进行单一的、不言明的分级划分。这种融合了外国人的自我表征和学生的外国表征的描述产生了一种描述模式 [1]，它建立在各种社会表征并列共存和相互关联的基础之上：**理解一种外国现实，就要能够阐明每个群体所独有的分类形式和分辨出一个群体与另一群体的区别性原则**。"文化档案"的概念因此而改变。出于传统方法论的严谨，为了使这些社会现实的描述有条不紊地进行，主题划分法把对社会现实的分析精心划分为不同的主题（青年、妇女、失业者，以及歌曲、绘画、机构等）。然而表征概念却要求推出另一种分析方法。与主题分析法相反，这种分析法自认为能够把这些社会现实联系起来，以突出相关性原则为宗旨。使用这种分析法，尽管内容看上去零散，却以相关性原则管理（人们）与身体（食物、衣着、情爱关系、病患等）、性别、出生所属年代、社会阶层等的关系。

表征冲突分析是一种有效的文化描述手段。不同表征的产

---

1 "模式"应被理解为一个严密的结构而非一种典型的形式。

生机制会引发矛盾，但这不意味着不能与所描述的现实保持距离，也不是单纯地向人性的多样化献礼。表征冲突分析的意义在于各种表征之间的竞争关系，每一方都要求确认自己的合法地位而不惜贬低对方。对表征冲突的描述有助于理解各种价值观念体系的不同之处；有助于领悟哪些是能够促使某一既定社会群体重新认识自己的游戏规则；有助于理解为什么对于该群体之外的人也许是无足轻重的东西，对于本群体参与游戏的人却具有规则的约束力。在这种情况下，对表征冲突的描述便具有了信度。

表征冲突

这是一位加拿大女青年写的一份旅游报告里的一段摘录。此次旅游是在由加拿大青年国际旅行社组织的一个"加拿大—巴基斯坦交换旅游"项目的框架内进行的。该旅行社是非赢利的私营机构，它组织 17 至 20 岁的加拿大青年参加"发现发展中国家之旅"。

"在巴基斯坦全国各地，女婿的挑选都由女儿的父母包办。思想最开明的父母可以等到女儿愿意出嫁的时候，并且在征得她同意之前不做出任何决定。原则上，未婚夫妻在结婚的那天才第一次见面。问题一：他／她们难道不更想娶／嫁一个自己选择的对象吗？男孩和女孩异口同声地回答，他们相信父母，而且他们认识的所有已婚者都是幸福夫妻。问题二：和一个自己爱的人结婚不是更好吗？所有的青年受访者都认识一些为爱情而结婚的人，并把他们作为婚后不幸福或离婚的例子来列举。那些受教育程度最高的当地人自豪地反驳道：'在西方，你们的婚姻是自由的。可是请看看你们的离婚率！'"

达尼埃尔·M. 布兰（Danielle M. Blain）：《我的家在巴基斯坦》（*Ma famille au Pakistan*），蒙特利尔，Châtelaine，1989年6月，第46页。

　　在这篇载于一本女性杂志的文章里，普及人类学知识的语篇和传递加拿大青年国际旅行社业务的信息兼而有之。出于普及的考虑，该文运用自由间接引语[1]的形式一问一答，报道了不同的婚姻观并回答了这个问题：爱情是否保证婚姻成功的一个因素？尽管采访者本人坚信婚姻是建立在丈夫和妻子的爱情关系之上的，她还是诚实和客观地（如果考虑该文的简短篇幅的话）报道了与她自己的文化经验相悖的论据，而且最后一段是以一个她不认同的论据来结束的。

　　如何评估这个摘录片段的描述质量呢？在肯定该片段优点的同时，必须注意到，在此两种表征是明显矛盾的。两种对立的价值观念体系的建构围绕着不同的逻辑，这些矛盾的逻辑从以上分析中抽离出来了：受表扬的父母的经验 / 有悖于传统家庭模式的青年一代的独立；民族或经济关系 / 情感关系；熟悉的模式 / 陌生的模式。几种迹象可界定受访者的社会阶层：他们肯定都属于同一个年龄段，不过，作为巴基斯坦人的代表，有男性和女性的两种视角，而代表西方

1　在法语语法中，自由间接引语是间接引语的一种发展。自由间接引语通过作者的转述来体现，既无陈述的动词，也无引号或破折号，其人称、时态、语式均无特殊变化。——译者注

的则只有占主导地位的女性观点，透过唯一的一个女性目击者（采访人）反映出来。在讲到巴基斯坦传统的时候，社会阶层的多样性有所涉及：例如"最开明的人""受教育程度最高的人"。对采访者所属的价值观参照体系的负面看法（"请看看你们的离婚率！"）也被她誊写下来了，而且她并没有立即否定该负面论据。由此可见她所做的是与偏见拉开距离的初步分析；这种做法会使她受益。

不足的是，该分析材料建立在过分概括的基础上，而这些概括并非来源于可直接观察到的现实，例如"在巴基斯坦全国各地""原则上"等等；此外，本材料最明确提及的群体也是匿名的，如"最开明的人""受教育程度最高的人""男孩和女孩"。这些含混之处使该材料的描述质量有所下降。

另一方面，借助历史可研究表征的起源以及随时间变化而产生的变化。为此，一定要时时精确地记录描述的事件所发生的年代。描述已过时的文化习俗对于拉开时间距离的分析具有重大意义。随着时间的推移，这种描述有助于审视象征性的主导与被主导的关系。某个社会群体持有的占主导地位的表征是否经得起时间的磨砺，有无发生演变或者有无被另一竞争的群体否认？非主流的表征有无作为未来希望的载体而得到确认，或者正相反，它们没能经得起时间的考验？特别要指出的是，借助历史有利于发现表征的起源。凡是在意义已经被掩埋和忘却之处，凡是在仅能看见目前已被庸俗化的痕迹之处，历史资料能够使人们重新发现意义是如何建构的，并恢复当年对意义多样化的讨论。但前提是对过去的文化习俗不能仅仅以"进步"作为参照来进行。也许历史观的树立只能用于解释现状，并且会破坏描述的严谨性。因为严谨的描述应当阐明教学材料涉及的当代焦点问题。

记忆与内化的表征

法国1951年的圣诞节因一场论战而被铭记。报界和舆论对这场论战非常敏感。它给以往这个时期的欢乐气氛带来了一丝不寻常的讥讽。几个月以来，教会权力机构通过好几个高级教士之口，对法国家庭和商人日益重视圣诞老人的现象进行指责。他们揭露了一种令人担心的圣诞节"异教化"倾向，该倾向把民众的注意力从纪念耶稣的纯基督教情感转移到一个毫无宗教价值的传说上。这些攻击在圣诞节前夕愈演愈烈；也许更为谨慎，但是同样坚定。此时东正教也和天主教统一声音。相关的读者来信和文章已经见诸报端，从不同的角度，但总体反对教会的立场表现出被该事件激发的兴趣。最终，在12月24日，一次游行示威将该事件推向最高潮。《法兰西晚报》的通讯记者用以下文字报道了这场游行示威：

在天主庇护的孩子们面前，圣诞老人被焚烧于第戎圣母院广场

[……] 约三年以来，即在法国经济发展重新变得正常以来，圣诞节庆活动以二战前从未有过的规模在法国持续发展。这种发展体现在物质增长和形式变化两方面，这无疑是

美国的影响和威望所造成的直接后果。于是，人们可以看到以下景象：十字街头和主干道同时冒出一棵棵高大的圣诞树，在夜空中熠熠生辉；饰有图像的圣诞礼物包装纸；圣诞周内在接受礼物的孩子家中的壁炉上依习俗展示的彩图圣诞卡；救世军悬挂在广场和街道上权当木钵的小锅里的募捐款；以及大商场里接受孩子们请求的乔装打扮的圣诞老人。不过在几年以前，这些习俗对去美国的法国观光客还显得幼稚和怪异，被他们视为两种观念在本质上相悖的最显著的标记之一。而如今它们已经轻轻松松地普遍移植入法国，并且适应良好。这种状况对于研究文明史的历史学家来说是一个值得深思的教训。

列维-斯特劳斯（C. Lévi-Strauss）："受刑的圣诞老人"，载于 1952 年 3 月的《现代杂志》（"Le père Noël supplicié", *in Les temps Modernes*, mars 1952），巴黎，Les temps Modernes，1572—1576 页。

这份材料是从表征冲突入手的，一开始便描述了冲突的症结（改变或保留与宗教礼仪相关的文化习俗，天主教传统中异教习俗的出现，外国的——尤其是盎格鲁-萨克逊的——文化习俗引入法国）；同时也描述了表征冲突的参与者（在法国内部团结一致的天主教和东正教教会，它们与美国东正教的利益和法国当代媒体即进步的使者形成对立）。第二次世界大战以后美国对法国和整个西欧的影响导致了这些国家的文化适应过程，这个过程从 1951 年便开始显现并得以延续，因为在五十年以后还能看到这些习俗的存在。那么，谁在二十世纪末还能回忆起那个时代形成的互相对立的提案（向主教会议提出的提案）的原则呢？历史能够向当代人揭示被遗忘的现象，发现无意识内化了的意义。这种记忆建构起我们显性的日常生活习俗。

六、在课堂描述中明确引入表征概念

对外国表征的分析在课堂描述中从来都是一个隐晦的意图，而我们的目标就是要指出明确地引入表征概念将会在哪些方面改变和改善课堂描述的条件，并建立一个质量更好的描述模型。

在我们从此将称之为"传统的"模型中，由于对外国文化的描述缺乏严谨的背景分析，这种描述被呈现为既成事实，即知识的绝对化形式，它们独立于其产生的条件，有时甚至超越时空。**传统描述喜欢使用专题描述和借助专家话语**。确实，专题描述企图瞄准一个特定的主题，分析主要内容，但是整理这些知识的工作过程往往被排斥出描述本身的范围。再者，提供书目也不是教材编写的一种惯例，而只是初见端倪的一种现象。把社会表征概念明确地引入课堂描述，就意味着理解了人种学家让娜·法弗雷-萨阿达（Jeanne Favret-Saada）和若斯·孔特拉（José Contreras）提出的问题："对于人种志研究，人们往往只是了解最终成果：学术论文。可是，在田野调查中，学者要怎样做才能确定研究对象，选择'合适的'信息提供者（受访人），在与'本地人'交谈时鉴别出值得记录下来的信息？与因各种激情而振奋的独特的人们的无数次交谈——有时纯属偶然——如何转化为对一种社会制度的分析？在学者和'本地人'之间日复一日地究竟发生了什么事情，使得学者最终这样来阐释这些'本地人'？"[1] 如果在课堂描述中引入表征分析，那么要置于首位和提出质疑的正是这些知识建构的过程。

于是，与教材的描述质量直接有关的不是针对外国文化而产生的信息，而是信息产生的社会条件。从权威的话语信息过渡到号称"真实的"材料，这被普遍赞誉为一大进步。但从描述质量的角度看，这个转变并不彻底：因为本族专家（外国教师）的话语保持着"合法性"。的确，传统描述自愿仰赖专家对有关主题的分析并赋予他最终话语权，不过值得注意的是，能力的理想化，文化习俗的模式化，描述权毫无异议地委托给专家，这些都不能与拷问知识整理的方法直接兼容。本族专家通过描述把其阐释模式强加于人，让非本族（当地）学生丧失了发言权，后者只能信赖具有权威价值的话语。那么，是否要把专家的话排除出我们在此提倡的描述体系呢？其实我们只是在提倡一种更好的描述质量，而这个问题的意图似乎就具有讽刺意味了。

如果要实施建构知识的措施而非强加预先炮制的教学内容，"信息提供者"的概念似乎能够有效地代替"专家"的概念。学生在面对信息提供者和面对专家时的地位确实不同。当学生一下子就被置于一种与专家能力不相等的关系中，他们就被剥夺了一切阐释的权力，而专家本人则获得了独享阐释权的合法性。信息提供者的概念则更加具有激励性，因为它进一步强调了提供的信息、信息提供者和后者在信息上所抵押的利

1　法弗雷-萨阿达，孔特拉（Favret-saada J., Contreras J.）："近距离接触"，载于《现代杂志》（"Corps pour corps", in *Les Temps Modernes*），巴黎，Les Temps Modernes，第 1489 页。

息（提供的利益）这三者之间的有机联系。关键不在于否定专家言论的意义，而在于强调这种言论在何种条件下能被引入阐释的方法当中。学生应该有能力评估一段话的科学质量，否则这段话将会作为权威话语 [1] 推荐给他。这是因为专家一般是科学权威，却也是其职业领域中的参与方（当事人）。他也像所有的社会人一样，依赖于该领域内行之有效的特殊规则：如声望、经济收益、职业上的合作和排斥、竞争关系等规则。当课堂上的话语解码也考虑到这些科学产出的各种层面时，学生的地位就不再和以往一样，即使教学的基础材料仍然是传统描述的材料。此时专家的话语消失了，让位于信息提供者的话语。这位信息提供者像所有社会人那样，参与到等级分化的教学空间中。实施这种教学法的时候，学生不是依赖一种同时输入和强加的"合法性"，而是一种他应当学习建构和运用的阐释体系，来学着评估信息的描述质量。专家言论在传统描述中是参照标准，但在我们建议采用的方法中变成微妙得多的处理对象。这并非因为专家评论的话就一定比普通言论更有学问或技术性更强，而是因为专家言论强加的效果在此处尤为显著。学生应当具备较强的文化阐释能力，以防止力量对比朝着对他不利的方向发展。

在这后一种模式中，差异是描述外国文化的一种动力。传

---

1 关于"权威话语"，我们应参考以下定义："话语只在与**市场**的关系中获得价值（和意义）。市场以特殊价格的形成规律为特征：话语的价值取决于具体建立在不同说话者的语言能力之间的力量对比；语言能力可同时理解为产出能力，习得能力和评估能力。换言之，话语的价值取决于进行语言交换的各个行动者制定并推行对其产品最有利的评估标准的能力。"引自布尔迪厄（Bourdieu P.）：《言语意味着什么：语言交换的经济》（*Ce que parler veut dire*. L'économie des échanges linguistiques），巴黎，Fayerd，1982，第60—61页。

统描述模式试图勾勒出某种"普通"文化习俗的轮廓，因而用普通本族人（此处指外国人）作为典型，并制定简单化描述的计划，即统一甚至弱化这种文化内部的差异。而考虑引入表征概念则必须对各种各样的社会文化语境实行最大限度的开放。在这种情况下，文化能力定义为解读蕴含意义的差异和分辨产生这些意义的各种场合的能力。[1]

在这种模式中，各种各样的表征涉及所有参与阐释体系的行动者，对所研究国家（外国）自行产生的表征分析，无论如何也不排斥对在学生的国家流行的表征进行分析。学生本人的表征，教师的表征，同样是课堂分析的对象。**衡量本人的文化归属对表征产生的影响，把教学主要参与者（学生和老师）的身份认同纳入教学方法范围之内，这肯定是外语教育的目标之一。**人们可以对此提出异议，认为这种教学方法会促使人们对教学活动的不同参与者的各种表征进行明确阐释，这样难免会在课堂训练中引入主观性和损害个人自由。而学校有时会公开自称为保护个人自由的卫士。可是，传统模式难道不是更具有干预的特点，更善于隐晦而有效地把外国表征强加于人吗？与此相反，对表征的多样化描述则基于明确而辩证的身份认同的建构。

外国文化传统描述模式的"合法性"源自其单一文化的特点。与此相反，表征分析是在至少两种文化间关系的基础上进行的。分析的形式还可以进一步多样化，并超越两个民族之间的关系。尚未完全开发的研究空间可用于评估三种或多种文化

1　波尔歇（Porcher L.）："质疑"，载于《文化教育》("Remise en question", *in La Civilisation*)，巴黎，Clé international，1986，第 13 页。

之间关系的分析是否中肯。这样一来，通常在双方合作伙伴关系或者在互惠框架的基础上设计的语言交流，一旦建立在三边关系的基础上，就会看到所探讨的问题已经有所变化。[1]

　　在教育领域，这些前景还会引起各学科间关系的重新调整。在传统模式中，同一种教育体系内引入的各种外国文化只能呈现出竞争的状态：譬如，英国文化教学与德国文化教学毫无共同之处，等等。与此相反，如果这些文化的教学通过相同或相似的身份认同的方式来进行，那么这些不同文化的教学就是有关联的。一旦对外国表征运作的反思获得了应有的地位，外语课堂上的教学方法就不可避免地会与学生的母文化在母语教学课堂上对自身的描述联系起来。

1　这些假设现在是一个项目的研究对象；该项目题为"教师继续教育中语言交流实践的质性评估"。这项研究由欧共体语言司（Bureau LINGUA）资助（欧洲合作计划——1B 行动）。参加人员如下：伊莎贝尔·巴普蒂斯塔（Isabel Baptista），里斯本高等教育学校外语系；迈克尔·拜勒姆（Michael Byram），英国达勒姆（杜伦）大学教育学院；阿尔巴妮·凯恩（Albane Cain），法国国立教育研究所学科教学法处外语教学科；伊娃·辛特拉特（Iva Cintrat），法国封德耐/圣克鲁高等师范学校法语传播研究和学习中心（CRÉDIF）；克莱尔·克拉姆契（Claire kramch），美国加利福尼亚大学伯克利分校德语系；卡门·玛塔·巴雷罗（Carmen Mata Barreiro），马德里自治大学文哲系；伊丽莎白·墨菲-勒热纳（Elizabeth Murphy-Lejeune），爱尔兰都柏林圣帕特里克教育学院法语系。组织协调人：热纳维耶芙·扎拉特（Geneviève ZARATE）。

第三章　外语教材描述质量评估

一、教材设计所面临的出版限制：
国际发行教材和国内发行教材的不同际遇

　　教材编著者能否保证他所编写的教材的描述质量呢？其实，在编制教材的过程中，编著者所承担的责任在某种程度上并不像看起来那样重要。教材编写者与小说作者不同，他只是教材设计和制造的参与者之一。责任编辑、图表设计师、版面设计师、负责搜集图画的人[1]，都同样是参与者。新入行的教材编写者发现他们时往往会非常惊讶，而且这些人有时会违背编者的初衷，把他们的职业逻辑强加于编著者。教材编著者并不能协调这些合作者的行动，最多只能根据出版社对他们的专业认可来提出意见和建议。图书印刷和制作过程的技术性、教材里的非文字部分、图示环境乃至语言或文化教材里所使用的各种材料的重要性，都在与日俱增，于是那些教材制作的直接参与者在编辑上的影响力也随之增长。**教材作者（们）充其量不过是该教材的共同担责人。**

1　约十年来，出版社在其设计模版上明确显示这些负责人的姓名，然而传统排版却要求使用的字体小于作者的字体。

　　另外，教材的发行和销售策略从设计之初就被考虑在内。一份教材初稿的质量要由"教学顾问"来评价。有此称谓的专家并不考虑向教师和学校出售其产品的出版社的商业利益。他们对教育市场和教师需求的看法从考察学校的实地经验中获得，他们的意见起决定性作用，作者初稿的命运就根据他们的意见来定夺。其他可依据的标准如下：作者（们）在本地市场是否知名，他／他们是否有可能在国内或国际市场售书时参与宣传活动，该项目能否从作者原来设想的受众延伸至其他对象人群。作者的"思想体系""观点"都要先根据是否符合市场的需求来进行评估。由此生发出一条商业规则：**教材的创新程度越高，就越难得以大量销售**。此外，学生的动机，某一教材针对某一特殊培养目标的确切方案，教学方法的演变，为了实现订购而提出的促销理由，这些因素都是在考虑了上述经济和商业限制之后才予以探究的。

　　根据同样的逻辑，资金的限制也会影响教材的设计和编制。编者通常承担所有风险（他只有在提交了完整初稿后才能签订合同），无论工作进展如何，花费了多少时间，出版社许下了何等承诺，编者花了多少费用，出版社均有反悔的可能性。一旦确定启动出版进程，作品就会获得一笔资金预算。在竞争异常激烈的市场上，外语教材在外观上的吸引力是一个优势，它在发达国家具有决定性作用。只要翻看那些过时的教材，我们很快就能感觉到这一标准的飞速演进，它决定了纸张的质量，以及颜色和图像的选择。尤其对于语言教材，这个标准具有战略意义。图像材料已经从原来插图（提高学习乐趣的材料）的地位，过渡到教学工具（承载学习任务的材料）的地位。"真实材料（document authentique）"[1]的概念正好支持了这种方法上的转变，使其不局限于纸质材料，扩大了教学材料的范围。围绕这些教学材料建立起一个出版市场，其中一些材料被纳入教材中，另一些则更新了课外教学产品的设计理念。起初是幻灯片，接着是磁带和视频，它们取代或伴随传统教学产品：地图、学校发行的报纸、文学教材。这些新产品中，每一种都带有新的限制。音频或视频磁带的赢利及成本取决于听力的时间长度，而不是根据课堂上可能使用的时长。因此，一种简短但具有丰富的课堂开发潜力的教学材料是无法上市的。这些材料自身的长度应当符合上市磁带的时长。另外，复制版权费用也会影响他们的选择。

教学材料的复制权

领固定工资或者合同制的资料员（合同制资料员的报酬按照所找材料的数量计算），应教材编写者和出版社的要求，负责依靠专业机构来搜索材料。总预算根据每本教材来制订（比如，照片费用为 80000 法郎[2]，文本为 30000 法郎）。

在这一领域，价格波动较大，而且每次都要进行谈判，很难确定固定价格。例如，某年雅克·杜特龙（Jaques

---

1 "真实材料"指来自语言目的国的、原本非教学用途的语言素材，如文学作品、各类出版物、报刊文章、广告、竞选传单、政府公告、图像、歌曲等。这些素材被利用来做教学材料能使教学媒介多样化，促进学习者的热情和较为真实的交际。——译者注

2 法郎是 2002 年前法国的法定货币单位。在 2002 年 1 月 1 日欧元发行之后，法郎已逐渐停止流通。——译者注

Dutronc）一首歌曲里的四行歌词需要花费 5000 法郎，而三年后，出版社只需 500 法郎就能买到整首歌曲。一首歌曲的价格区间是 0—20000 法郎之间。在此提出具有教学价值的排名：查理·特雷奈（Charles Trénet）的一首歌价格为 15000 法郎，雅克·伊杰兰（Jacques Higelin）的为 5000 法郎，吉尔·维尼奥（Gilles Vigneault）的为 1000 法郎，丽塔·米苏珂（Rita Mitsouko）的为 3000 法郎。

图画的平均价格约 400 法郎左右；也可选择套餐：比如，比奈创作的漫画《毕多雄夫妇》里面的 6 幅插图价值 1500 法郎。一张占 1/4 页面的黑白照片估价约 400—500 法郎，而占整页的则需 1000 法郎。

若签约一位摄影师专门负责某本教材的拍摄任务，其花费一般比购买已经拍摄好的照片更昂贵。因为在此情况下，照片版权属于出版社，但如果照片又被用于另一本教材，使用者将要求支付版权费。资料员根据有关机构的目录开展资料搜索工作。一张彩色照片的价格是 600—700 法郎（四分之一页），或 1200—1500 法郎（全页）。若复制材料，法新社统一收取 350 法郎的费用，外加复制版权费。如果要找回丢失了的材料而又没有保险，可能要花费 6000—7000 法郎。不过，根据文件在排版中所占比例，这些价格会有所调整。如今，有关机构希望版权费能根据销售的数量来调整。

转载报刊的文章也同样需要得到报社或杂志社的授权。摘录地方报纸的文章通常免费，但是全国性的报刊则不一定（注意，《快报》杂志在纽约排版，其版权费需用美元支付）。

专业机构负责重新分配附属版权费，例如，展示在广告上的模特的版权费（通常很昂贵），唱片版权费和歌曲的书面复制版权费。相关歌手的制作人代表其客户的利益。[1]

在教材出版纳入到自由经济体系的国家里，教材首先是**产品**，它只能存在于市场逻辑当中，因为出版的目的就是销售。**对于出版社来说，一本好教材首先取决于售出的数量**。[2]

外语教材的出版市场可能完全是地区性的，即教材的编写和发行都在同一个国家，法国教材的出版就属于这种情况。如果在某国编写的教材销往另一个国家，这一市场也能具有国际规模，它被称为"开放型"市场，例如意大利的教材出版。在同一个国家，可以并行两种市场形式：一种是公立出版机构，局限于国内市场；另一种是私营机构（如法语联盟、英国文化协会），销售各自国家的出版物。

这一区分对于外语教材的设计不无影响，特别是对于那些"文化"教材。一个封闭的市场有什么特点？根据其定义，它完全受国家的出版限制，属于"国家出版"（这曾经是中欧和东欧某些国家的情况）；有时候决策机构和出版社之间的实际

1　信息来自费璐佳·阿卢什（Ferroudja Allouche）和菲利普·巴约勒（Philippe Bailleul）在撰写硕士论文期间进行的调查。（巴黎三大，对外法语系，1991—1992 年）。

2　在法国，四家出版社占有 80% 的法国教材市场：Hachette 出版社和 Nathan 出版社各占 30% 的份额，Hatier 和 Bordas 各占 10%。引自霍特（Huot H.）：《在教科书的丛林里》（Dans la jungle des manuels scolaires），巴黎，Seuil 出版社，1989。自从 Larousse 出版社被 Nathan 出版社收购之后，三家出版社（Hachette，Nathan 和 Didier/Hatier）分享了对外法语教材市场。

接触很多，且具有共同利益[1]。如果文化教材在一个开放的市场上销售，同时它们又由目标文化国家出版，那么它们在某种意义上就是双重文化教材，首先是因其内容，其次是因其本身即为所描述国家的出版和经济的产品。它们具有普适性逻辑。在一个开放的市场上，当两种逻辑——本地产品的逻辑和进口产品的逻辑——之间发生冲突时，在世界上某些自认为弱于工业化强国的国家里，进口产品有时会被认为"更好"。国外出版技术可以支持这种观点：光纸、四色印刷术、大量插图、杂志风格诱人的版面设计，这些均与学生在其他专业和其他学习层次的阅读习惯形成反差。**进口教材是"更好"的教材，因为对学生来说，它打"诱惑"这张王牌；对教师而言，仅以它漂亮的外观，就能为其学科和为认可其在学校中的作用提供有利辩护**。在此情况下，尽管出版社、学生和教师从不同标准出发来判定一本"好教材"，但一系列论据都更有利于进口教材，于是相对于本地产品，它享有更高的声誉。

诚然，一些客观原因有助于提升由对象国出版的教材的质量。由于那里大部分作者是母语持有者——例如，英国人出版英语教材[2]，因此他们比当地（非对象国）作者先天拥有更为优越的环境：获取资料的便利、与该国语言教学研究中心保持持续的联系。非本族语（当地）作者则往往要依赖于收集的资料，这些资料都是他们最近一次在对象国旅居期间收集的，或

1　法国的情况正是如此。直至 1990 年，总督学一直是教学计划设计的参与者，是法国出版社的优先合作伙伴，出版社经常在总督学队伍中聘请系列教材的主编。不过，在有关对外法语的教学研究中，总督学的影响力相对来说比较小。

2　这条规则也有例外。例如，近几年来，法国出版社倾向于聘用意大利作者，将他们的对外法语教材推广到意大利的教材市场。

者借此机会通过将他们的朋友网络转变为信息提供者网络来收集的。当外汇市场行情不利时，所有专业报刊都变得难以订购。凡此种种，使本地作者和文化描述对象国作者各自的地位显得非常不平等。

但是，这种对影响文化教材质量的客观条件的认识，忽略了处于发行教材上游的标准。教师通常看不到这些标准，更不必说学生了。我们将对此进行详细说明。

二、信息质量评估

在教材中引入"真实材料"引起了描述质量评估的变化。尽管这些变化是以往评估工作的一种延续，但是该变化亦相当重要。教材的组织不再以推广永久价值为目标，不再注重伟人和民族遗产的伟大篇章，而是围绕当代事件来组织；或者限制性更强，围绕时事并引入真实材料。如此，教材就变成了易过时的短期产品，出版后约五年时间，它就已经过时。教学材料按周期快速更新，在教育体系里的不同行为者眼中，这一循环系统非常简单，采纳它是大势所趋。

描述质量评估的新标准引起的后果是直接可见的。好教材应该是那种其信息与当下密切相关的教材。这使出版社和教材编著者在设计教材时受到极大的制约：必须选择紧贴当前时事的信息材料，同时又不能过快失效。有时候在设计时需要预测现实，使得教材可以陪伴其短暂的生涯。例如，宣扬某个正在建造的重要建筑项目的模型；或者先于社会创新，突出某个仍处于边缘的现象（某一领域中女性获得的第一个岗位，等等）。相对于20世纪90年代初出版的教材，80年代发生的事实并不具有足够的历史性，使教科书能将其内容考虑在内。但是，时间上的相近减弱了教材应彰显的完全贴近当下的特征来更新教材。**在出版限制机制中，强调历史信息并不能给教材销售带来好处。诚然，历史通常占据一席之地，来显示文化考量，但只是适当的地位而已。**

　　教材内容紧贴时事，就会变得越来越接近报刊模式。报刊书面或口头模式有时在教材中出现过多：编者转载或者模仿他们的写作，复制他们的版面设计。紧贴时事产生的另一个后果是记者被提升为专家。有时他不仅表现为信息提供者，而且也表现为一个完美的社会典范，这是一面镜子，反映出他所属的社会。**于是，教育产品与日常消费品之间的差异日趋模糊，记者有时被赋予教育使命，而他自己并未明确地追求这一使命。**出版产品以最明显的方式运用报刊的魅力，将大众周刊里的文章收录成辑[1]。周刊属于稍滞后于新闻时事的媒体类型，以分析性文章为主。在这种教材里，描述的责任几乎完全转嫁给记者，是记者的文章首先构成了教材的商业利益。由经验丰富的教师编写的同步练习确认了教学整体的可信度，但它们不是促销核心。

　　信息的更新成为关注的焦点，它重要到足以形成一种出版类型——修订的"文摘""……概况"类著作。这类作品的初衷是以大众群体为读者，如今却出现在教学书目中。这是各部门间进行沟通合作的罕见例子，而同一家出版社内部的其他部门通常会嫉妒此类书籍的特点。此时其作者不再是记者，他要求获得社会学家的地位。要求提升的理由就在于他对时事的分

1　例如，可参阅穆廖尼（Muglioni C.）:《扩张》（*L'expantion*），巴黎，Clé International，1992。

析，乃至对社会未来演变的预言。

神谕效应

以下提出了一个论据，论证了描述和诊断法国社会的一段节选的可信性。该著作原本以大众为对象，后来被出版社大力推荐给对外法语教学的教师。

社会学与计算机的联姻

个人的"生活方式"就是他融入社会的方式。它是很多通常相互矛盾的因素长期妥协的结果：集体价值观及局限；个人价值观和理想；家庭、职业和社会等方面的义务。因此，一个人的着装就是将个人品位、周围人的喜好、他的购买力、气候、国家和时代风尚，以及他经受的各种压力进行调和的结果。

对"生活方式"的研究，让我们得以通过观察日常生活中的社会成员来描述当代社会。该研究也可考量随着时间变化而发生的社会演变。它能解释产生变化的性质、能预测或者设想未来的场景。

经验主义是"生活方式"研究的特征。

原则很简单。该研究针对大量有代表性的法国人样本，定期调查他们日常生活的各个方面、他们的想法、做法、计划、理想等，然后将所有回答重新组合成同质的几大类型。

然而事实上，这项工作极其复杂，因为这需要比较成千上万个数据。只能依靠计算机和数据处理技术的进步来实现（多变量分析、主成分分析法等）。

因此，所获结果原则上独立于任何模型、理论、观念或信条，它们先验地被假定，旨在通过实验来得到验证。这就是目前世界上这一独特方法的主要意义之一。

电脑只是为社会学研究服务的一种工具。

从电脑中得出的法国"社会景观"是复杂计算的结果，它可以将成百上千个维度（每个问题一个维度）减少到包含两个主要维度的空间，这样人类才能理解它。剩下的就是要去解释这些维度，它们最准确地概括了某一时期法国人的状况。社会学家的全部任务就是要分析每种大类型，为其命名，描述其特点，衡量其演变。

麦尔梅（G. Mermet）:《法国透视——法国人：他们是谁？往何处去？》(*Francoscopie. Les Français: qui sont-ils? Où vont-ils ?*)，巴黎，Larousse，1986，1987，第 396—397 页。

这一论据位于上述著作的末尾，为整部著作提供科学保证。该书主要由各个不同主题的章节构成（个人、社会、家庭、工作等），各个主题章节又由具有明显教学意图的评论组成（借助层次分明的信息、穿插的图表、广告性质的图画）。这里确有吸引负责讲授"法国文化课程"的教师的内容，而他也许对这门他正要讲授的漫无边际的课程感到束手无策；他可能以为这正好为他所担心的问题提供了解决办法。那么，上述论据如何起作用呢？

该书提出了一个概念，即"生活方式"，大写的"生活方式"强调了其珍贵特性。人们称其为"世上独一无二的"行为测量和预测的社会学工具。我们将本著作的一些边缘因素加以考虑［作者名字后面带有以下说明："由加特拉（B.

Cathelat）和 CCA（高级传播中心）资助出版"]，明白了由于 CCA 的资助，此书才得以在九年前出版 [……][1]。这本"独一无二的教材"的特点主要表现在商业方面：出版社把宝押在数据的定期更新上[2]。

上述论据用于著作的升值（"极其复杂的工作""成千上万个数据""复杂计算"），本书中声称的独立性作为信用的担保（"独立于任何模型"）。在此论据背后，是占主导地位的对客观性的幼稚想象；它以一种单纯的形式展现，强制从零开始，是数字组合的结果；它通过使用计算机来避免任何人为的错误。这是一种与科学性编织的神奇关系，旨在麻痹任何对建构科学客体的过程本身的批评：作者贬低关于资料来源、工作假设、运用的理论模型的一切精确信息。这是社会学家的领域，而不是读者的领域；人们鼓励读者要信任创造"生活方式"的专业人士。

然而，与原来宣称的相反，该书作出了如下选择：它描述的不是法国人身份的组成元素，而是法国消费者的行为。预测功能常常与预言的目标相混淆，此处估计的其实

1　加特拉（Cathelat B.）：《法国人的生活方式：1978—1998》（*Les style de vie des Français. 1978—1998*），巴黎，Stanké，1977。

2　该书于 1985 年首次出版，而后于 1988 年和 1992 年重新修订出版。此著书"理念"也同样适用于其他读者群体：《青少年透视——10—20 岁的人，他们是谁？往何处去？》（*Juniorscopie. Les 10—20 ans, qui sont-ils? Où vont-ils?*），Larousse 出版社，Bayard Presse，1986；《成年人透视——新年轻人》（*Seniorscopie. Les nouveaux jeunes*），Larousse 出版社，1987；《欧洲透视——欧洲人：他们是谁？他们如何生活？》（*Euroscopie. Les Européens: qui sont-ils? Comment vivent-ils?*），Larousse 出版社，1991。前两本书包含针对相应受众的"良好技巧"清单，但所有的参考书都被隐去了。

是消费模式可能发生的变化。至此目标已经简化，在寻找"各大类型"的背后，实际上寻找的是循规蹈矩的行为，即使这些词（"自由主义者""敢闯敢干者"）有时让人产生错觉。

　　这本书原来准备向大众宣传自身的正面形象，为营销人士收集消费趋势演变的信息并使信息产生效益；而现在该书竟被用作教材，实在令人感到不舒服[1]。这种情形相对较常见：由于担心收益，出版社在文化教学领域，在面向非本族语读者时，常常推介一些非教育用途的已出版的书籍，或者在面向本族语学生时也这样做（例如推介文学、历史、地理等方面的著作）。这也往往是那些理论化程度不高、专业性不明显的领域经常遭受的命运。此外，无论是在规则、插图还是在评论方面，都可能存在严重的干扰，因为它们基于本族语学生很熟悉、但非本族语学生还有待发现的现实。因此，应该更加重视那些对外国读者的特点有所考虑的书籍（及其出版社）。

　　系统地更新数据信息也许可以保证无可置疑的科学性，但显然这条标准不足以评估一本著作的教学意义，因为它可能更多地服务于商业目标而非教学目标。那么，又该如何看待以某一既定国家的综述和概况为形式的著作呢？这类著作以百科知识吸引读者并让非本族语学生在与外国接触时获得安全感。对这类作品描述质量的评估应该遵循作者自己制定的描述规则，且至少这些规则应该在书中明示。

1　根据《法国透视》（*Francoscopie*）1987 年版的说明，该书获得了对外关系部颁发的"1985 年趋势"奖。（该奖仅在这一年颁发。）

描述规则的解释

此处以一本书为例，它表现为众多数据的集合，并准确地解释了所选择的描述规则。

地缘政治圈

此年鉴选择将全球一百九十七个国家和非独立地区分为三十三个"地缘政治圈"，七个大国除外（七大国为苏联、美国、中国、印度、巴西、印度尼西亚、加拿大），因为它们中的每一个国家都可称为一个地缘政治圈。

如何理解"地缘政治圈"？哪些是已经采纳的划分标准？

与第二次世界大战刚结束后发生的事实相反，当今任何一个国家都不能独自生存。国与国之间的关系日益紧密，也愈发变得复杂。因此，通过不同层次的空间分析来思考国家间的关系，是大有裨益的。

一方面是全球层面的空间分析。它涉及每个国家（或每个多国联盟）与大国之间的关系。大国指西欧国家、日本，特别是美国和苏联两个超级大国。两个超级大国与其他国家保持着或"好"或"坏"、或重要或不重要的关系，同时也都拥有各自的主要影响区域（如拉丁美洲和西欧之于美国，东欧和东南亚之于苏联）

另一方面是每个地缘政治圈内部的空间分析。确定一个地缘政治圈，就是一种看待事物的方式，是根据共同特征将某些国家加以组合的方式。当然，可以进行各种不同类型的组合（例如，共产主义国家、伊斯兰国家等）。在此我们选择的组合约在三千至四千公里的范围以内，以获得最大的体量（有些小一点，有些大一点）。

　　将一定数量的国家视为同一个地缘政治圈，并不意味着它们的关系良好，也不意味着他们在政治上或经济上联系紧密（其中一些可能还有着或公开或隐蔽的冲突）。这只是意味着它们之间有着相对重要的（或好或坏的）关系，因为它们地理位置相近，具有显著的共同特点以及面临较为相似的问题：如要面对相同的自然难题、文化相似，等等。

　　在同一个地缘政治圈内，每个国家当然都有自己的特点。不过只有在与邻国的特点进行比较之后，人们才能够更好地把握这些特征，并理解国与国之间的相互关系。

　　将世界分为三十三个地缘政治圈，这是看待世界的一种方式。它既非唯一的也非永恒的分类方法。[……] 如今，如果人们以为只有一种看待世界的方法或者只相信一种概括的全球观，就不可能理解这样一个越来越复杂的世界。强调对立的重大观点，例如，中心对边缘、北方对南方、东方对西方、社会主义对资本主义，这样的看法肯定有用。但是它们因过于简单化而日益显示出不足，可见应该综合多种世界表征（对世界的看法）。

　　为了对三十三个地缘政治圈中的每一个进行明确定位，我们考虑把特色鲜明的各种"圈"进行交汇，如大气候区、主要民族或宗教聚集地，以及大经济组织区，因为所有这些因素都可能具有重要的政治和军事意义。

　　　　拉科斯特（Y. Lacoste）:《世界状况: 1988—1989——世界经济

和地缘政治年鉴》(*L'Etat du monde. 1988—1989.* Annuaire économique et géopolitique mondial), 巴黎, La Découverte, 1988, 第 12—13 页。

可以说这本书的描述计划总体上与前一个选段("社会学与计算机的联姻")相似, 具体表现在宏观结构的描述、对紧贴时事的数据的汇编、对可预见的演变的评估。然而, 从方法论角度看, 两个选段中的描述完全相反。第一篇声称其"独立性", 而第二篇则相反, 强调其"选择性", 明确阐明了被采纳的用于构建重要大圈("国家圈""地缘政治圈")的描述规则。第一篇材料以一个统一的描述性模式呈现; 而在第二篇材料里, 则设置了好几个分析层次("不同层次的空间分析"), 描述规则的变化与描述对象的历史演变紧密关联, 对表征多元化的明确要求被视为恰当的做法。如果我们参照这两本书的主题———一本关于法国人的文化实践, 另一本关于世界各国的演变, 其方法论上的对立即是两者间的矛盾。第一本书抹去了方法论的步骤, 直接去探讨复杂的经济和社会现实; 第二本书则对国家概念提出疑问, 而该概念通常被认为是显而易见、无可置疑的。最后, 虽然第一篇材料也提出要围绕几个层面对法国社会进行划分, 但是其中的描述是以不同实践叠加的方式来进行的。而第二篇材料的意图则与之截然不同, 它并不鼓励将社会组织视为不同元素的叠加, 而是视为一种结构。该结构受联合和对立关系的支配, 根据力量之间的对比关系来组织, 且这些关系随时有可能发生变化。这些关系的强度本身就具有意义, 无论它们是以相似性("共同特征""相似问题""文化相似"), 还是以差异性（"或公开或隐蔽的冲突""军事重要性"）为标志。由于第二篇材料在描述内容里就明确包括了其描述规则的选择，且已表明了立场，因此其分析更经得起时间的考验。

综上，第一种方法为逃避意识形态的牵连而表现为绝对的形式，其运作就像一场赌博，随时有可能被未来形势的变化推翻。与这种方法相反，第二篇材料虽然也被当成一种预测，但它是以预测时掌握的数据为基础的；它也将在未来见证它作为产物的这个时代。

神谕效应，即材料自行宣示描述质量，不足以保证描述的确切性，反而会误导人们避开在描述前必须进行的方法（规则）选择。与此相反，**宣告选择某些规则即是接受方法上的制约，若对此做粗略解读，可能会将之解释为不确定描述的征兆**，但实际上却说明了被描述的事实是可以把握并进行阐释的对象。

三、社会学意义评估

"自然"一词的习惯用法是将社会现实看作一种简单和容易理解的表现形态，也许经济避开了任何可预见的建构。然而**我们将从以下假设出发：现实越是以显而易见的形式出现，它就越是属于社会建构的结果**。这种与社会现实的关系如何体现于课堂描述中呢？

传统描述根据盘点某个国家或群体的特定文化习俗的原则来进行：在语言学习方面有时很有创意的方案，一旦涉及这类内容，常常采取列举典型成就的方式[1]。插图在教材中表现外国现实的作用日益增强，但并没有引起显著的创新。图像仅从指称角度来理解，如展示埃菲尔铁塔、大本钟或勃兰登堡门。通过绘画、照片或电影等载体来表现现实，并没有从根本上改变物品作为课堂描述中见证文化的角色。更糟糕的是，由于技术创新使未知国家显得更加真实，或者能够缩短学生的国家与所教授文化的国家之间的地理距离，这些技术创新便常常与教学创新相混淆：仅仅因为材料可以通过视频、电视、电脑或视频文字终端机（Minitel）[2]等来获取，所以它就一定是"新"的。然而描述质量结构的变化并没有跟上，大部分描述仍以分类形式进行。

不过还存在其他教学材料，尽管它们具有教学上的意义，但正是在它们与课堂描述的衔接中出现了问题。也许，要分析这种保守态度，需要通过将之与教育体系的各位行为者对于教材应该是什么，或者只能是什么的认识联系起来。对于教师而言，选择某种教学材料，并不是让他暂时放弃描述的权力和把描述责任委托给一个比他在这个领域更有能力的人——无论是记者、摄影师或电影工作者，而是间接证明他的个人参照网

---

1 以下是在法国教育体系中，在小学外语教学实验的指导框架内，对于文化方面能力提出的要求："学生接受了入门教学后，应当能够掌握以下常识：
　　——他们所学语言对象国的地理常识；
　　——这个（些）国家的日常生活常识（货币、国家标志／象征、饮食和饮料、学童作息时间表，节庆日历，某些典型生产成就，某些传统公众活动）。"
1991 年 9 月 6 日第 91—246 号通报，载于 1991 年 9 月 19 日第 32 号官方公告。
2 Minitel 是 1982 年由法国自行建立的国家网络，早于互联网，其运行期间一直靠法国政府资金支持。在 2012 年 6 月 30 日因运行费用昂贵、技术落后等问题被互联网所取代，退出了历史舞台。——译者注

络。如果认为材料的描述质量与教师个人赞同的价值观一致，并将两者混淆起来，会有很大的风险。**因此，教师不能将描述简化为他认同的价值观；相反，他还必须在描述中纳入那些他本人的参照系统之外的价值观**。人们很快想象到这种主张可能会引起的争论。是否能理解为老师必须"谈论他所不知道的东西"？倘若如此，就是忘记了这项工作并不针对知识，对价值观体系运作的描述才是首要目标。必须首先辨认出那些改变实践的关系——传统课堂描述将这些实践划分为不同的主题（穿着、饮食、身体行为等），然后指出它们在哪些方面具有社会区别性特征。必须审视那些自发产生的、积极的或消极的态度；而这些态度是由于发现了上述实践引起的，它们有别于那些因熟悉和明显所导致内化了的实践。如果说真正的反思工作要有学生的参与，那么教师也不能以他已经掌握了所教授的文化为借口，而免除这项工作。这就是为什么他必须能够收集和选择那些不符合其本人社会身份的材料。社会学意义上的多样性要求本身是一个值得赞扬的描述原则（没人真正质疑它，这表明它是无害的），然而把描述工作先后委托给材料和其作者的组织方式不足以保证这种多样性。**社会学的意义在于：不仅仅表述与教师本人社会身份相一致的外国价值观；在将描述工作委托给代言人（材料及其作者）时明确地发挥委托的作用；把对自己的表征进行反思式分析的方法教给作为材料阐释者的学生。**

自画像

　　材料的反思维度可能是自身固有的。在被引入课堂描述之前，以下材料已经带有对身份认同的反思。这是使农妇通

过对照片的反思，将对自己身份的表征具体化为形象的众多
材料之一。

《自画像——六名农妇探寻自身形象》(*L'Autoportrait. Six agricultrices en quête d'image*)，图卢兹，Presses Universitaires du Mirail，1991。（现场）。

　　1号插图。1号照片。《在洛特河畔圣利夫拉德管理温室果蔬的农妇（47）》(*Agricultrice s'occupant de serre tunnel à Sainte-Livrade sur Lot*)（47）。摄影师：坎帕斯·格罗西亚（F. Campas Grossia）。农业和农村发展部，多样化协会。

　　该照片材料在社会学上的优点，在于它是由描述者自己拍摄的：它由该农妇从众多自拍照片中选出。

该农妇在有关图解中解释了偏爱此照片的理由。若无图解，材料就丧失了反思的维度。而且它也不会有任何机会被传统课堂描述选中。因为这是非专业相片，技术质量欠佳；甚至照片上还看不清主角。这简直太过分了！相反，若将该照片材料放入身份认同研究的过程当中，它就具有了全部意义：首先可通过农活和专业动作的技术性确认被拍摄者的农民身份；其次在归属农业领域和农村的事实背后，隐去了女性的身份。这份材料的目的不是开始反思"法国农业"，而且它对此提供的信息非常有限，但它可以引发关于身份归属的如下思考：如果在社会认同中更倾向于认同农民的身份而非女性的身份，那么在某特定地区和某特定时刻，这对农村人身份认同和女性身份认同的运行机制又意味着什么呢？

语言教师不一定有在农村生活的个人经历——而在传统描述中，这种经历才使他的话语具有合法性。但是这份反映乡村劳作的"镜子"材料确保了其专业权威地位。

社会学意义不能局限于分析自我产生的表征。外界对描述对象的观点也同样会影响描述质量：那么，是否不参与描述的内容便足以客观地表达意见？外国人的身份是否足以避免描述中的偏见？不过从前述内容中可以看到，**社会学意义上拉开距离的工作适用于对社会身份的反思性分析，但不能把"拉开距离"与缺乏在所描述社群的经历相混淆。相反，参与式观察的方法旨在将共同经历转化为拉开距离的观察。**

拉开距离的观察

　　无论对习俗进步持何种明确的说法，性别属性是任何社会都具有的分界线。以下材料展示女性对（父权制度影响下）女性的看法，描述质量良好。

　　该材料旨在描述男性和女性肢体语言的不同特点，它对男性和女性在公共场所和私人场所采用的姿势进行耐心、系统和细致地观察。正是这种严谨而系统的观察把寻常的场所，如公园、火车、沙滩、沙龙等，变成了社会学观察的对象（该书共有 2037 张同类照片）。传统描述将文化物品表现为某一特定社会的象征，从而将它变成典型之物，这样做的后果是它会成为独一无二的出版物。而这份材料却采用重复的相同姿势，来展示它们明显的规律性和可能发生的变化，对此每个人都可以有自己的解释。拉开距离的观察既描述了观察对象，也描述了由此导致的观察者与观察对象间的关系。观察者是女性，其视角因其揭开真相而引起争议：它揭示了人们所进行的种种学习活动，即使这其中缺乏明确的"教"。于是，这种视角阻碍和扰乱了人们熟悉日常生活的过程。通过姿势的重复和差异，将读者与其观点的构建过程联系起来，其论证就避免了武断，因为它明确解释了此前方法的选择。

　　在涉及现实的描述中，社会认同不是作为感知形成前的既定事实，而是作为感知的结果存在的，如此，社会认同在描述者和描述对象的关系中才具有意义：这是否意味着团结的关系，抑或远离、对立、控制的关系？材料因能明确指出这一关

韦克斯（M. Wex），父权制度下受力量对比影响的"女性"和"男性"的肢体语言（"Weibliche" und "mânnliche" Korpersprache als Folge patriarchalischer Machtverhâltnisse），法兰克福，Verlag/ Marianne Wex，1980。

系的性质才更有意义。当身份机制的解读不局限于行政或职业上的鉴别时，这个过程就是一个过于复杂的过程，不能仅用一章进行探讨：如果它是一个明确的培训目标，那么这就是一个过程，而不能简化为一节课的容量。与此同时，材料必须反映出这种复杂性。**可以确定的是，虽然身份最后总是落实于个体，但每个个体并不因此而具有自己独特的身份表达方式。**身份通过各种策略得以表达，通过要根据情况和局势进行调整的各种组合机制来表达，这些创造性过程把单一的社会身份演变为一个拥有多种社会属性和命名的开放系列。

社会实践概念

　　社会实践的概念是解释身份多样性的一个很好的描述工具。米歇尔·德·塞尔托（Michel de Certeau）使用"行动方式"[1]一词来强调"行动人为重新占领空间而进行的成千上万种实践行动。该空间指由社会文化生产技术组织起来的空间"；这就要"发掘群体或个人所采取的分散的、战术性的和临时补救的具有创造性的隐蔽形式"。具有社会意义的，正是文化产品或物品的用途，而非这些物品本身。

　　我们在这里已经住了28年。以前，我们在一起的时候，曾住在佛兰德斯道口，后来又住在圣杜昂。之后我们就再没有搬过家。这是我感到最惬意的地方。这里就是我的家，我的地盘，因为我就出生在维莱特大街，离这里甚至不到五分

1　德·塞尔托（de Certeau M.）：《日常生活中的创造：创造的艺术》（*L'invention du quotidien. Arts de faire.*）巴黎，UGE, 10/18 文丛第 1363 期，1980 年，第 14 页。新版：Gallimard（Folio），1990。

钟的距离。我对我的住处感到很满意。居所必须能带来一定
的安宁、温暖及轻松。我们刚回来的时候,这里没有水,我
们便让人安装好;没有楼梯定时灯开关,我们租户就共同凑
钱安上。我们试着把居所整理得舒适些。卧室有点小,因为
以前我们把厨房充当卧室。门开在这里有点讨厌,过去必
须穿过卧室才能进入厨房。由于我们宁愿在白天能够安逸
些——睡觉不需要太多的空间,只要有一个通道就好,而
这是最主要的——我们更改了房间的用途。这使我们后来
能够在厨房给妮妮辟出一个角落,不然她就得跟我们睡在同
一间房里。起初她和我们在一起,后来我们在厨房里放了一
张折叠床,晚上才打开。我们原本有一间亨利二世风格的
餐厅,因为这是那时候流行的,但它占了不少空间。慢慢
地,我们将它淘汰并做了壁柜。所有东西都放进墙里。妮妮
在那里睡觉,直到她结婚。人多的时候——几乎每天如此,
因为每当开会的时候,我都会带我外省的伙伴们来这里吃
饭——妮妮就睡在这里,这样,我们继续工作时,马塞莱
也可以休息。

摘自卡鲁·德特雷(Extrait de J. Caroux-Destray):《一对传统
的工人夫妇——自我管理的老看守》(*Un couple ouvrier traditionnel.
La vieille garde auto-gestionnaire*),巴黎,Anthropos,1974,第219—
220页。

本文介绍了一些创造性运用的成果:改造有限的居住空
间以适应日常活动的多种节奏,适应居住人数和家庭生活的
演变。该文促使我们重新审视组织现实的参照标准,因为有

关"现实"的使用规则不能像字典里编好的那样，被完全装入知识箱。相反，材料的质量基于这样一个事实，即它揭示了现实的裂痕、阐释的空间、创造性的割裂，并通过它们逐渐植入复杂的实践、独特的社会效果和身份认同的要求。

教材质量的评估不能仅根据序言中所列出的论据，或者针对教师的文件来进行。我们建议首先对方法试图达到的目标和方法在教材中的实际应用进行比较，然后在此基础上进行评估。正是这种做法使评估的有效性得到了保证。另一方面，仅凭客观性、数据更新、依据要点等都不能保证描述的质量，因为只有当"与社会现实的关系"这个问题得到深入探讨时，才有可能发挥最显著的社会学意义。

四、外国人身份评估

传统描述的特点之一是，避而不谈学生身份的重要方面，以便使课堂描述促进所教授文化的传播，以及介绍外国历史和空间却不考虑接受国的国情。于是，教材乐意介绍法国最有优势的方面（查理大帝、拿破仑、超越了法国目前疆域的殖民活动），而不考虑这一关于历史的民族中心主义视角所起的双刃剑效应。将外国学生的身份简化为某种学习水平、某个年龄段、某个国家归属等要素，就是把社会身份的定义限定在最小范围里。

国际通用型教材中外国人的地位

请看下例：一本全球普遍发行的教材，在其主题为休闲娱乐的章节中，是如何揭示出学生的文化参照的。

电影—音乐

寻找字里行间的生活

......

9. 在您的文化中，音乐占据了什么位置？谁做音乐？在何时何地？

10. 在最近十年里，有无和您同国籍的导演获得了戛纳电影节的金棕榈奖？

在词汇中寻找"皮亚拉"（Pialat，法国当代著名电影导演）*

11. 做一个小民意调查。请您身边的人向您说出三名法国男演员或女演员的名字。

12. 找出组成复合词的单词，例如"Cinémaboul"：在电影院打发时间的人。

*见本书附录。

节选自《法国一年》（*Une année en France*），巴黎，Clé International，1990，第 39 页。

学生的身份屡屡被提及（"在您的文化中"，"和您同国籍"，"您身边的人"）。我们注意到，针对所教授的文化（此处是法国电影）和本地民族文化的问题交替出现，似乎在促进两种背景之间互动的平衡。这种平衡是否确实存在呢？问题 9 非常笼统，而为了给这个问题提供一个令人信服和论证充分的答案，必须进行大量的资料研究工作。这个问题使学生面临一个在描述方面的重大困难，却没有向他提供一个切实可行的调查方法。事实上，该练习的目的不是为了描述本地文化，而是为所教语言提供一个说话的机会。

相反，问题 10 则很确切，因为它要求学生去寻找答案，类似"Quid"（百科全书），"Who's who"（谁是谁）这类书籍里可以提供的答案。但该问题实质上是让人根据法国价值观来衡量本地电影产业的地位。戛纳电影节确实是一个国际电影节，但本地学生却找不到他自己国家在过去的十年里获奖的任何电影、导演、演员或摄影师，那么从这一事实中会得出什么结论？（有时只是因为该国没有发达的电影产业，或者因为更复杂的情况：这个产业完全依靠大规模生产来运作！）所以，教材并不处理这个练习里最微妙的两个方面之中的任何一个（这也是在世界上某些地区最常见的情况），因为任何一方面都只能反映出本地现实的负面形象。问题 11 涉及的是一个邻近的环境。该例与前两例不同，前两例要求进行宽泛的（或许是国家层面的）和国际层面的描述。不过问题 11 同样没有考虑到练习的负面效果：要是周围的人说不出三个法国演员的名字——这情况很可能出现，那么会发生什么呢？此处的练习引发的问题比要解决的问题还要多。棘手的部分，即选择信息收集的方法和处理由此产生的表征，将完全由教师或学生来负责。然而正是在这些棘手之处，编者应该表现出他编写教材的专业精神。

仅援引学生的文化参照不足以保证切实考虑本地的现实。国际通用型教材只能参照抽象的学生文化，而学生只有在赞同提升所教授文化的利益时，才有可能与该文化建立积极的关系。教材编写者只在其话语中提到"跨文化"或"比较"等维度是远远不够的，这种思考必须体现在实际的教学步骤当中。因此，妥当的做法是定期检查每个练习的预设。否则，参照本地文化就是一个陷阱，本地人被视为外国文化的消费者，他首先需要积累对象国的文化知识。

凡是在外国人的地位得到确立之处，他就成为了描述的明显元素。在外语教材中，他与目标文化中的持本族语者占有相同地位。他对外国文化的发现过程构成了一条叙事主线，民族空间的描述通过他自己的人生历程得以实现。例如，作为英国人，他将从加莱地区开始发现法国[1]；作为意大利人，他将在共同的地中海文化基础上开启他的普罗旺斯地区之旅[2]；作为德国人，他将透过德国学生的经历去认识法国教育体系[3]。在所有这些例子中，描述行为的发生并非如同知识的堆积（通常呈现为一系列主题），而是一系列行动，一个发现的过程。

外国人和反思维度

值得注意的是，以下漫画材料出自某教材的第一章：在"互相认识"的标题背后，是要求全班对"新同学"进行反思。该教材适用于其父母刚刚移民到魁北克的不会说法语的儿童，它采用了反思教学法：通过移民的历程（他们有历史）和一代人的亲身经历（他人的亲近或拒绝）来确定自己的身份。这不再是通过构思一个理想的模型来达到反思的目

1　巴克比（Buckby M.）:《行动!》(第一册)(*Action! Book 1*)，泰晤士河畔沃尔顿（Walton-on-Thames），Th. Nelson house，1980。

2　佛尔拉诺（Forlano M.）:《交际和语言——法语课程》，材料1:"漫步街头：法国第一印象"(*Communication et language. Testo di lingua francese. Dossier n° 1 Au fil des rues*. Premières visions de la France.)，佛罗伦萨，Editore bulgarini，1981。

3　阿利克斯等（Alix C. et alii）:《学校经历》(*Vivre l'école*)，帕德博恩（德），F. Schöning，1988。

摘自迪普朗捷、博杜安、霍伦（Extrait de M. Duplantier, C. Beaudoin , J. Hullen）:《跃进1——练习册》，第4—5页；《教材》第6—7页（*Élans 1*. Cahier de l'élève, pp. 4—5. Manuel, pp. 6—7），蒙特利尔，INC教育文化中心（魁北克H1J 1J9，安茹，城东大道8101号），1990。

的。当一个新同学被定义为一个与众不同的人的时候，他可能会遭到拒绝和排斥。该材料旨在鼓励辩论，它首先将同学们的保留意见付诸文字，然后将这些转变为对个人身份的承认，其表现形式为他人的"亲近"和"陪伴"。更广义地说，反思教学法要求学生回想先前发现外国空间的经历（"我曾换过学校、班级、城市、国家"），超越偶然事件，引起对与他者关系的反思。反思维度通常是适合成年人使用的方法，而该材料则表明了它并不完全取决于特定年龄组的事实。

在教科书中，由于"外国人"不在零散的练习中出现，他的地位就更为真实可靠。零散练习的形式理论上反映出对模糊文化背景的考虑。教学组织越是遵循逐步完善的交义表征（交叉目光）交换比较方法，越是依据交流中的功能障碍分析和对与外国人交往的亲身经历的反思，那么在课堂描述中外国人的地位就越会得到承认，反思维度也就越能够纵向地贯穿教材的设计和结构。

五、作为社会人的外语教师

在传统描述中，语言教师主要是一名推荐者，由他选用一种现有的教材。但是他在行使这一职能的时候，并不总能清楚地意识到他是在输送不同的利益。教师的入门培训或在职培训系统地介绍了现有教材，可这些信息通常是以教材"介绍"和"概况"的形式出现的，用于说明每种教材的特性。对教材的审查主要侧重对教材"演变"的分析，它倾向于认为，所有出版的教材都一定比之前的教材更好，即不否认在教材出版领域定期和持续地出版新教材的好处。另外，关于新颖的概念，出版社认为，新颖，就是刚出版的作品；而老师和学生认为，新颖，就是在新的假设上构建的作品。而当新颖的概念没有向出版社、老师和学生进行明确解释时，教育界和出版界有时会统一口径。但是，如果在介绍"文化"教材的前言中对那些经常被引用的材料的"好处"和"现实性"闭口不提，又由于几乎没有相关理论供参考，"文化"教材中商业利益和教育意义之间的界限就更加细微。

当教师选择教材以供他所在的机构或学校使用的时候，他是连接作者、出版社和使用者的链条中起决定作用的经济行为人。他必须履行这一职能，并且在面对商业需求受到限制的出版集团时，将自己视为提高质量，尤其是推动创新的施压力量。就像我们所看到的那样。教师必须捍卫将教材视为一种不折不扣的文化产品的理念，这种文化产品不能仅受制于市场盈利规律；或者更好的是，他必须让出版界的行为人在他们的战略中融入教学风险概念，即创新概念。这并不是空想，出版界负责人是最早要开发教材新系列的一批人。

明确提出外语教材分类的标准并非偶然。即将教材按照年龄段分类 —— 儿童、青少年、成人 —— 以及按照学习所需时间分类；有时可以用最简练的形式分类：初学者、高年级学生。这些类别反映出广泛的共享利益，避免过于严格地限制书籍的销售。教师通常没有意识到，这些分类早已深深内化于心，它们作为无可争辩的事实在起作用。不过，让教师承认分类的模糊性是有困难的。一名住在阿比让市的阿贾梅平民区、偶尔到中学上课的少年，和一名住在圣保罗、在一所私立学校上学的少年，除了他们都生于同一年代这个特点之外，他们之间还有什么共同点？

教师调整教学实践以适应本地文化环境；他不仅通过掌握自己教授的语言、参照系统和学科领域，而且还通过分析他教学的文化环境与他所教授的语言和文化之间的关系，来保障他职业的技术性。在此，教师被赋予一个更广泛的社会角色。他不只是一位经验丰富的现有教材的使用者，还通过鉴别各种文化变量和评估现有教材的适宜性，完全参与到教材的设计中，目的是改编教材，有时是使教材改变其原有的明确用途，或者是建构争鸣的方法。

因此，外语教师要负责探讨一个问题：对社会身份认同和对他者的追问。而这在传统定义的教学内容中是避而不谈的。这样的工作乍看起来是多么的令人激动，它颠覆了许多教学传统。譬如，学科分隔受到了质疑：母语和外语间一直存在清晰的区别，现在已经变得模糊；不同的外语之间原本是竞争关系，如今也不再对立，而是要面对共同的问题。另一方面，低估教学环境中的变化所引起的各种抵制行为，也许是错误的。在接下来的两章中，我们将展示这些建议的可行性。

第四章 课堂上分析外国表征的具体步骤和目标

　　外语教材中的文化维度往往不受重视。是否要给文化维度一个合理的地位，这直接取决于教师的责任心。教师厌倦了规定使用的且有时已经过时的教材，又因使用了该教材好几年而了解其局限，于是他通常会在课堂上采用某种补充材料，或者更好的作法是设计一个"文化宗卷"(un dossier de civilisation)。由于外语学习在语言层面显示出较强的技术性，所以教师往往不在该层面进行干预；而文化层面的学习则更多地显示出无据可依的情形，于是它经常被视为更适合个人进行创造的领域。迄今为止，我们一直想指出，文化领域的教学是多么的"不容易"，除非我们忽略其复杂性和重要性。事实上，我们要指出，这些附加材料不仅仅是对主要教材的简单补充，也是为了促使教师分享我们更加彻底的意见，附加材料可以成为使用教材中引发讨论的材料（争鸣材料）。对于负责创建以学生的身份认同为中心的教学法的教师而言，关键是要使其教学而非使其教材[1]适应教学所在地的实际情况。

1　在20世纪60年代，法国出版的对外法语教材通常配有适应教学所在国的改编版。这些改编版的特色是设置了一个专门的语音适应阶段。但是，这些版本中的当地社会文化特色却无助于改变教材的结构，它们至多给例子和练习增加了一些当地色彩。

一、目标确立的一般原则

　　传统描述旨在传授知识，这些知识有时是书面的，且仅仅针对所教授的文化；而在文化教学领域贯彻的目标原则则开辟了新的前景。目标原则要求对各种能力进行分级，以确定从一种文化过渡到另一种文化所需要的各种特殊能力，但这些能力是无法仅通过以掌握语言为目标的学习来获得的。为此要提出以下假设：在外语课堂上，文化能力的培养属于一种专门的教学方法，不能够和语言学习混为一谈。目前语言和文化的紧密关系不论是在语言学领域还是在其对外语教学的影响方面均已得到公认，那么难道要否认这种关系并主张语言学习和文化学习各有其自身的路径吗？其实，当外语被视为一种社会实践，而该实践又与在母文化中建构起来的态度和表征紧密相关时，语言学习和文化探索方法之间就不会有冲突，反而会有利益的关联。如果使用揭示意义的教学方法，要求学生去探寻并阐明隐含意义、把各种不同的社会实践联系起来和评估可支配信息的社会学意义，那么语言和文化的边界便消失了。另一方面，在两种文化间建立关系要求具备更广博的能力，而这是单一语言技能所无法保证达到的目标。这些能力包括：把握外国文化环境、掌握元语言[1]（因种族、国籍、社会阶层、刻板印象等的不同而异），以及对外国文化和母文化的表征进行反思性分析。

1　元语言又称"纯理语言""第二级语言"。它是被用来谈论、观察和分析另一种语言的符号语言，可以是自然语言，如学习外语时用于解释外文的本民族语言；也可以是一套语言符号，如科学技术术语、学术术语等。被谈论、观察和分析的语言为"对象语言"、"第一级语言"。——译者注

这些文化教学目标针对某一既定学生群体和某一既定教学情境，可以在对有关因素进行评估之后制定出来。这种评估应当描述外语教学所处背景的特点，如学生的民族文化和所教授的文化在地缘政治关系上的本质、对教学体制背景和本地媒体环境所起作用的考量，等等。此阶段反思性更强，与需求分析不同，需求分析旨在设置一门课程并规定学习后期要掌握的预期能力。而评估学生所持有的表征可基于他们的人生经历。我们提出以下假设：所有同一年龄段的学生未必都有与外国接触的相同经验，这种经验也不一定与其外语水平有关。对学生的表征进行评估，就能够通过描述每个学生与外国文化接触的特点，来细化通常用于某一学生群体特征（年龄、水平）的分类方法。例如，学生个人有无与外国文化接触的体验？这种体验是积极的还是消极的？母文化和外国文化之间的距离是遥远的还是相近的？评估还有助于描述学生与外国文化接触的经验、包括教学环境以外接触的经验。从这种评估中，可以推导出明确的教学目标，它们不仅关乎学生的语言水平，也关乎学生对所教授的外国文化的认同之特点。

传统教学模式基于学生对外国文化知识的不断增长，基于对客观性和权威言论的必然信任，但是如果培养模式以使初期表征复杂化为目标，情况就不一样了。对成见的质疑会促使对可利用信息进行检验，而不会在检验之前将信息传播出去。这个过程不是线性的建构，而像是一系列的断裂、暂时的建构，它们随时可能被新的发现置于失衡状态。这种教学方法总体上反对社会的因循守旧，它只在具备"严谨"特征的情况下才具有信度。为此必须提出三个工作原则：

首先，表征分析应当建立在对现实的中肯解读上，这项工作要求拷问从个别到一般、再从一般到个别的过程。如果过度概括导致了刻板印象，"现实"的真实程度就会受到质疑。对现实情况的熟悉是这些刻板印象发生变化的第一大障碍。（对外国）保持好奇的能力是对表征进行解构／重构的强大动力，是重新阐释现实的引发因素。不过当这种能力揭示出人们对自以为熟悉的外国文化习俗其实并不了解的时候，这也同样是沮丧的根源。

其次，要对建构在"可靠"模式上的表征进行质疑，就必须对可使用数据的准确性进行考察。此处涉及的不是"科学数据"和"经验数据"的对立——它会引向查明数据来源这项百科性质的工作，而是促使学生发现各种成见，收集这些成见意味着教学材料的建构。在此"信息提供者"一词也还是比"来源"一词更为可取。"来源"涉及信息的原始出处，而"信息提供者"则更重视原始数据的脆弱性和它们对个人利益或机构利益的依附关系。观点的多元化必然会导致对现实充满矛盾的解读。

最后，表征解构在不诉诸历史的情况下是不可取的。凡是在当代人只看到静止状态之处，流逝的时间都会还原变迁。如果说研究社会表征的起源和变化在总体上是一个过于复杂的目标，难以在外语课堂上占据一席之地，那么学校却始终是一个得天独厚的场所，它能使学生关注那些短期目光所不能及的现象，这些现象在历史的长河中才具有意义。虽然历史进程一般不引人注目、无声无息，但是在课堂上这个过程是可以被描述、命名和意识到的。

质疑"熟悉"的现实、各种信息实质上的交叉碰撞，以及历史观点的采纳，以上三种原则的贯彻均有利于揭示真相。不过如果该工作没有随之引起反思，那么这三个原则就是有所欠缺的。所谓反思阶段，这里应该理解为质疑这样一种直觉——它引起对现实的即时、自发和平庸的解释，而非一种自省和心理的关联。反思方法旨在承认阐释行为中属于主体的部分和其社会发展史。从上述三种原则中，人们可能倾向于只看到采取一种严格意义上的智力措施所需要的先决条件。学校经常赞扬这种智力措施，但它其实与个人生活的选择并无直接联系。在此要提醒诸位，与他者（外国）的关系贯穿社会人的全部历史。反思层面无论是作用于学生群体还是教师群体，它都与学校的传统背道而驰。学校传统打着机会均等和民主的旗号，实际却建立在个人生活和学校生活或职业生涯相割裂的基础上。下文提出的建议将有望改变这种学校传统。

二、初期表征诊断

原则上可提出这一点：在上第一节课之前，任何初学者都已经具备一些有关目的国文化的知识；或者，如果这种外国文化在他们的母文化环境里很少出现，他们也会具备有关外国的一般知识。所以，严格地从教学阶段的角度讲，"初期（initial）"一词用在此处是恰当的（因为之前未上过可以拿到学校证书的课），但不应当因此而抹煞已经在母文化中经历了社会化的学生的个人经验。不过，对初期表征的诊断不是教学初始阶段的专属，在更广泛的应用中，这种诊断也可以用于教师首次接触的任何班集体。教师的任务是厘清可利用的表征和评估其意义。这种工作是一种诊断式评估，只要它随后能引向教学设计和流程。

　　初期评估可以在各个层面上进行。事实上可以试着描述一个广泛的学生群体的特征：一个特定教育体系里的学生的年龄段 [1]；一个确定了地理区域的学生群体，如某一地区某一城市里的某所中学的学生群体 [2]。在此我们考虑采纳一种适合小班的教学方法，例如学生参与的课堂练习。它不属于严格意义上的研究，其目的是搜集对教师组织课堂教学有用的信息。

　　诊断式评估可以采取词语联想测试的形式。

1　参看阿尔巴妮·凯恩（Albane Cain）的研究：《外语教学中的学习阻力区和表征之研究》（*Etude des zones de résistance à l'apprentissage et des représentations en langues vivantes*）。"这项研究的目的是：

一、观察、收集学生用各种语言产出的话语，在此基础上进行检测和统计。这项工作涉及语言领域中外语学习阻力特别大的区域，和文化领域中导致形成刻板印象的成见、无知和表征的层面；

二、对收集到的数据进行语内（语言内部）对比。这项工作可以确定上述语言领域和文化领域之间是否存在共同点，或者相反，存在与目的语有关的特殊问题；

三、关注从所收集数据的分析中能否挑选出特别重要的关键点，日后可针对这些关键点在语言和文化两个领域进行深入的干预工作。"

详见载于凯恩：《文化教学——中学外语教材》（*in* Cain A., *L'enseignement de la civilisation - langues vivantes, second cycle*），巴黎，INRP，1988，第15页。

2　拜勒姆（Byram M.）：《外语学习中的文化学习》（*Cultual stadies in foreign language leaning*），克利夫登，Multilingual Matters，1989，由布拉蒙–纽曼克和布拉蒙（K. Blamont-Newmank et G. Blamont）译成法文（Trad. Française：*Culture et éducation en langue étrangère*），圣克鲁，法语传播研究和学习中心（CRÉDIF），巴黎，迪迪埃出版社发行（diff. Didier），语言和语言学习文丛（Coll. LAL），1992。

也请参看拜勒姆、埃萨特–萨利斯（Byram M., Esarte-Sarries V.）："文化学习探索"，载于《外语教学：为教师写的书》（"Investigating cultural studies", *in Foreign language teaching. A book for teachers*），克利夫登，Multilingual Matters，1991。

词语联想测试

　　要求学生在很短的时间内用母语在一张纸上写下他从目的语国家自发联想到的五个词，然后再在第二张纸上写下由这个（些）国家的居民联想到的另外五个词。要着重指出：由于这个练习不打分，所以它和传统的课堂练习性质不同。个人写下词汇的阶段后面紧接着一个集体总结的阶段，这是最为重要的阶段，因为它包含一个反思的层面。集体总结的结果应当加以保留：它们将成为课堂上对初期表征的变迁进行最终评估的起点。

　　个人写词阶段是被作为一种游戏来体验的，而对整个联想测试结果的开发利用则显然是一个关键的阶段。好几种方法都可以尝试。可以考虑采用一种主题开发的方法（主题分类法），即根据涉及的语义场对学生写下的词进行组合归类。在此首先列举两种可采用的对测试结果进行分类的方法：第一种建立在对外法语教学专业学生（没有注明国籍）的联想结果上，第二种建立在法国学外语的中学生的联想结果上。

　　分类第一例：

　　——法国人的体貌特征；

　　——着装特点；

　　——经济和社会方面的特点（富人／穷人、中产阶级）；

　　——景点和场所（与地理有关和无关的：阿尔卑斯山、卢瓦尔河、地铁、咖啡馆）；

　　——历史人物和当代人物［还可细分为政治人物：路

易十四；艺术家：乔治·布拉森（G. Brassens）；
文学家：维克多·雨果]；
——集体心理特征（粗暴、有礼貌）；
——特色物品（两匹马力的雪铁龙轿车、羊角面包）；
——民族标志（公鸡、洛林十字架）。

以上为贝亚科和利厄托提出的分类。出处详见：贝亚科、利厄托（J. -C. Beacco, S. Lieutaud）:《法国之旅：文化教学实用训练（教学指南／教师用书）》(*Tour de France*. Travaux pratiques de civilisation. Guide pédagogique)，巴黎，Hachette，1985，第 8 页。

分类第二例：
关于人本身
——体貌特征；
——生活方式（食物、衣着、住所、出行、消遣）；
——社会组织（男人和女人的关系、关系、冲突——阶层／种族和种族隔离、非政治的机构——如学校、运作障碍）；
——现代化；
——传统（象征性人物、不被称为国家首脑的女王、象征性物品——苏格兰山民穿的短褶裙、节日——狂欢节）；
——历史（历史人物、朝代、历史事件）。
关于人所处的环境
——政治（当代事件）；时事：如美国选举、当代人物；各种政治制度的特征：共和国、王国、君主制）；

　　——经济（第一产业：农业；第二产业：技术部门；第
　　　三产业：服务业；原始第三产业：如擦皮鞋行业）；
　　——文化领域（语言、道德观念、宗教、审美观、艺
　　　术、"增生的"文化——大众传媒）。

关于人在其行业中所做的工作

　　——人工景观（市容：纪念性建筑物、建筑、市政设
　　　施——黄色出租车和电话亭；花园、公园；城市名）；
　　——自然景色（自然地理特征、景色特征、气候）。

其他

　　——对目标国隐含的亲近情感；
　　——谬误，错误的归因。

　　以上为凯恩提出的分类。出处详见凯恩（A. Cain）："高
中阶段外语课堂上文化的教与学：教学方法合理化的尝试"，载
于《文化教学》(«Enseignement et apprentissage de la civilisation au
cours de langue dans le second cycle : tentative de légitimation d'une
approche», *in L'enseignement de la civilisation*)，巴黎，INRP，1988，
第 26—27 页。

　　上述类别是根据主题划分的。以上两例都是高中阶段学
生的联想结果。但是我们建议采纳以下分类法，以便对所教
授文化的初期表征着重进行质性评估。现以一组欧洲学生对
中国的联想结果为例：

● 对外国文化知识的准确／不准确程度的定量评估：
　　——提到的专有名词的数量（例如，毛泽东、长城等）；

——对所学外语词汇中的拼写错误的修改；

——鉴别错误和错误项（如，东京）。

● 过多出现的时空标识：

——地理场所（如，国家的首都）；

——历史标志（如，"文化大革命"）。

● 与所教授文化的关系之特征：

——最频繁提及的词汇项目；

——负面词和正面词各自的数量。对目标国或目标国居民有无负面的或正面的主流刻板印象（涉及与外国的抽象关系，以及有时通过与外国的一个或几个居民进行交往的个人经历来描述的关系）?

——（无蕴含正面或负面意义的）中性词的数量（如，大米、自行车），或者统称词的数量（如，中国饮食）；

——参照在母文化里内化了其标准的词汇数量（如，黄皮肤、小个子、众多居民、大国）。

● 鉴别学生所属文化和所教授的外国文化之间的中介渠道：

——有助于产生联想的本地信息渠道：旅游目录、教材、媒体（例如，贝托鲁奇[1]的电影《末代皇帝》）；

——信息的更新（标出最新信息的大概日期）；

——学生的国家所采纳的外国文化习俗（如，中餐馆）。

以上分类的确立应当有学生的参与。此阶段与个人联想

1　贝托鲁奇（Bertolucci B., 1941—　），意大利当代著名导演、编剧、制作人。其代表作品有：《巴黎最后的探戈》(1972)、《一九零零》(1977)、《末代皇帝》(1987)。——译者注

的阶段同样重要，因为，它引导学生去发现他们的表征当中
那些和某个既定国家的最流行的成见之间相符或不相符之
处，它也同样促使学生针对个人联想的结果发表集体评论。
正是以上原因使得联想练习能够成为反思教学法的起动器。
然而，不能仅用该练习本身取代反思教学法。

三、学习揭示刻板印象[1]效应和分析其运作机制

对初期表征的评估是出发点，可引导课堂的走向。这就涉
及"反思教学法"。该教学法的目的是让学生理解刻板印象是
如何形成的，是通过哪些体验实现内化的。该反思阶段既会引
起对自己经历和体验的个人反思，又会引起对主流表征确立机
制的集体反思。

刻板印象运作机制分析

提及遥远的国度往往是促销的一个手段。在此请看巴
黎一家与法国时尚杂志《她》（ELLE）合作的大型百货商
店和这本杂志本身是如何通过宣传中国来联合其商业利
益的。

"革命性的大事件！中国商船将于二月三号至三月六号
停靠巴黎拉法耶特（老佛爷）百货商店。让我们张开双手欢

1　"刻板印象"（stéréotype，又译"定型"）指人们对某事物或某群体形成的一种概括
　　固定、简单化的看法，它夸大事物或群体的整体特征，而忽视个体差异。
　　刻板印象是"表征"的一种形式，本书中表征主要指"社会表征"。社会表征旨在
　　从社会文化层面探讨人们对各种现实问题的共识，包括某一社会群体共享的对其
　　他社会群体的大致相同的认识，这些共识里往往存在着大量的刻板印象和偏见。
　　参看本书第 24 页脚注 1。——译者注

迎它：它将给我们带来数不胜数的玉器、漆器、瓷器、陶器、竹器、丝绸、珠宝。在马可·波罗游历中国七个世纪之后，中国的商船跨海而来，向我们揭开它的奥秘。为本期杂志增光的栏目有：'毛时尚的回归'；'丝绸——创造者的灵感源泉'；'新 70 版风格诠释的驰名外套'；'93 巴黎中国工艺品展览会'；'星运：优雅而亮丽的鸡年'；'美容：安详和诱惑的千年秘方'；'爱好：中式红外套'；'娱乐：物色中国货'；'新潮美食——中式火锅'；'北京——上海在巴黎：本期杂志（Actu-ELLE）中的中国指南'。法国时尚杂志《她》中国版（le ELLE chinois）每年两次使中国女性陶醉其中。上海的六家'她'（ELLE）精品店充分证明了ELLE 品牌的国际性（ELLE est univers ELLE）。"

　　节录自《她》期刊，1993 年 2 月 1 日，第 2457 期（Extrait de *ELLE*, n° 2457, 1er février 1993）。在 1993 年 2 月 3 日至 3 月 6 日举办的巴黎中国工艺品展览会期间，拉法耶特百货商店散发的展品目录收入了该节内容。

　　利用上述节选时可把它和关于中国形象的联想测试进行对比。《她》杂志的这篇选段将被理解为对关于中国的种种刻板印象所进行的收集工作（不过该工作不全面，因为其中尚缺乏有关饮食、居住条件等方面的参考资料）。该对比研究的目标是揭示在法国主流表征中那些关于中国的最常见的刻板印象。要求回答的问题如下：哪些是从以上两种途径（这篇节选和联想测试）中收集的数据所共有的同类项？

分析与异国情调的关系 [1]

旅游促销大量使用充满刻板印象的描述。在以下旅游指南的节选（原著82—83页）中，笔者力图探寻可能被列入西班牙初期表征中的刻板印象的根源，同时又描述与这些刻板印象密切相关的旅游观的特征。

如此就可以发现欧洲北部的人赋予整个伊比利亚半岛的特征："鲜艳的色彩""灿烂的阳光""阳台""内院""喷泉""扇子""蓝色彩釉瓷砖""镶嵌细工"；以及本质上充满异国风情却又没有确切地理方位标识的特征："白色和金色、蓝色和橙色""最美丽的城市""世界上最美丽的城市""如梦如幻的建筑""纵横交错的大街小巷""蜜色石头""一股花香""茂密的草木""建筑物的曲线、拱券和精巧的线条""典雅和性感"。

明确描述西班牙安达卢西亚省的文字和图像标志随处可见："塞维利亚（安达卢西亚省首府）""瓜达尔基维尔河""万国博览会""穆迪札尔人 [2]""安达卢西亚人"、"吉拉尔达塔""塞维利亚王宫/阿卡萨城堡（Alcazar）""安达卢西亚风格""弗拉明戈舞（flamenco）""斗牛士"、掩身在扇子

1　我们很赞同维克多·谢阁兰（Victor Ségalen）说的话："我必须清理'多种多样'一词，尤其是'异国情调'一词，清空它迄今为止被填满的过于积极的所有概念。我必须腾出地方，打扫灰尘，不是为了随后装满一个空羊皮袋，从中逸出一点酸酒味；而是弄破'羊皮袋'本身，让人们不再谈论它。'异国情调'一词从此将重新获得它原来的纯洁，只意味着人们对'多种多样'之纯度和强度的唯一感觉。"引自《论异国情调》(in Essai sur l'exotisme)，巴黎，LGF，Bilio 文丛，Essais 第4042 期，1986 年，第 68 页。

2　Mudéjar (e)，译作穆迪札尔人或莫德哈尔人，指西班牙复国后仍住在西班牙中部地区的阿拉伯人，信奉伊斯兰教。——译者注

和花束后面的女郎、穿着节日盛装的安达卢西亚夫妇、穆迪扎尔风格的内院。上述文字和图像标志可使适用于西班牙全国的刻板印象在该地区重现。不过，该描述片段有时也凸显双重的域外风情。笔者诚邀客人同时参观安达卢西亚和巴斯克[1]两个地区，文中"美味佳肴"广告也做出如下推介："用安达卢西亚食材烹制的巴斯克特色大餐"！

　　此外，还可以再次发现旅游描述的传统运作方式：在最少的时间内看最多的东西。异国情调被编排成一个严格分级的空间。文内一个长方框题为"绝对不容错过"，明确指出老城区是首选的景点，并附以地图和对建议下榻的酒店的描述（"颇具特色的酒店"）来加以强调。不过和以上已提及之处矛盾的是，光看城市本身还不够，旅游指南还建议去附近"郊游"，如去格拉纳达（Grenade）、赫雷斯（Jérez）、加的斯（Cadix）、阿尔科斯（Arcos）、隆达（Ronda）等小镇。

　　旅游描述把外国空间作为一个有危险的空间来介绍，因为旅客没有遭遇过事故，所以应当事先得到有关提醒。旅游日程都被仔细地划分阶段并用出发国家的钱币登记入账，包括酒店入住天数，节目观看场次，郊游天数，出行次数。交通费用一一详细列出（即使合同中有一条能免去运输方任何计算不准确的责任！）；酒店和房间的布置也同样介绍周详。不确定和不可预测的因素都被淹没在细致的描述中，而这种描述有时会无意间突然打断读者的遐想。

1　巴斯克地区（le Pays basque）位于比利牛斯山附近，自西班牙北境绵延至法国南部，包括西班牙境内的巴斯克自治区和纳瓦拉自治区（南巴斯克），以及法国南部的北巴斯克。巴斯克语是西欧国家中仅有的非印欧语系的语言。——译者注

如何前往
（指导性信息，可更新）

乘飞机
圣保罗机场，距市中心 12 公里。
- 巴黎——塞维利亚：每天一班，直飞
- 里昂——塞维利亚：逢周一、三、五、日一班，经马德里
- 马赛——塞维利亚：每天一班，经马德里
- 尼斯——塞维利亚：逢周二、四、六、日一班，经马德里

乘车（大巴）
- 巴黎——塞维利亚：约 1800 公里

穿梭巴士和私家车
- 穿梭巴士：每天 6 点 30 至 22 点 30，每 30 分钟一辆，从机场到市中心。
- 个人乘坐中转的私家车（含行李），按路程计费：

人数：	1	2	3	4
机场/酒店：	480	240	170	120

穿梭车编码：TSFSEV

游览塞维利亚市区
塞维利亚市区很大，它拥有通畅的公交车网和众多的出租车，且价格低廉。不过很难坐车游览历史性古城区，最好的方法是步行游览。

郊游
（常规路线）
- 塞维利亚郊游典型路线（半天）：220 法郎
- 塞维利亚著名建筑物（半天）：240 法郎
- 弗拉明戈舞蹈之夜（演出）：340 法郎
- 科尔多瓦（Cordoue）和卡尔莫纳（Carmona）（一天，含午餐）：545 法郎
- 格拉纳达（Grenade）（一天，含午餐）：615 法郎
- 赫雷斯（Jérez）和加的斯（Cadix）（一天，含午餐）：536 法郎
- 阿尔科斯（Arcos）和隆达（Ronda）（一天，含午餐）：510 法郎

编码：EXCLRSEV

"让我们建立一座后人视为惊世之作的大教堂！"这句话是在下令修建塞维利亚大教堂的教务会议上说的。

适逢万国博览会，这座位于瓜达尔基维尔河畔的城市抹上了各种鲜艳的色彩，白色、金色、蓝色、橙色……"这再正常不过了"，您会这样对我说！事实上这一切于它是如此的相宜，因为它从来没有像今天这般美丽！它的特点？这恰恰是在历史的长河中，罗马人、阿拉伯人、穆迪札尔人、西班牙人和安达卢西亚人都先后发现了这座城市，并把它打造成"最美丽的城市"。于是，此地累积了如梦如幻的美妙珍宝和建筑。在纵横交错的大街小巷里，每一缕灿烂的阳光、每一块蜜色的石头、一个饰有铜球的阳台，都必不可少……空气中飘逸着一股花香，茂密的草木衬托出建筑的曲线、拱券和精巧的线条。内院、喷泉、低语声、镶嵌细工、蓝色彩釉瓷砖、阿拉伯式装饰图案……从大教堂到俯瞰全城的古老清真寺尖塔吉拉尔达塔，从烟草加工厂到塞维利亚王宫/阿卡萨城堡花园，从河畔金塔到彼拉多之家，从城里几百座钟楼到所有小教堂里衣着端庄的圣母像，从巴洛克风格的奢华夸张到修道院的安静肃穆，安达卢西亚风格在这座"世界上最美丽的城市里灿烂夺目"，一如扇子在低语。

VOS HOTELS
1 - Les Seises.
2 - Gran Lar.
3 - Porta Coeli.
4 - Ciudad de Sevilla.
5 - Colón.
6 - Alfonso XIII.

绝对不容错过

- 圣克鲁斯（Santa Cruz）老城区，这是旧时穆斯林聚居区和犹太人聚居区，是白色街区和花香四溢的小广场的迷宫，在此迷路是一大乐事。
- 哥特式和文艺复兴风格的大教堂，建立在大清真寺的遗址上。此处尚存古老清真寺那令人震撼的吉拉尔达尖塔和奥兰热尔（Orangers）内院。附近还有塞维利亚王宫（Alcazar）和花园，这座阿拉伯的旧城堡已在数位天主教国王统治时期改建为王宫。此外还有隆哈之家（Casa Lonja），里面设有印度档案馆和建于十三世纪阿尔摩哈德王朝时期的黄金塔（Torre del Oro）。
- 彼拉多之家（La Casa de Pilatos），一座融合了穆迪扎尔、哥特和文艺复兴风格的华丽官邸（安达卢西亚总督的宅第）。
- 两座于 1929 年为迎接西班牙-美国博览会（l'exposition bispano-américaine）而修建的大花园：马尔拉卢萨公园（le Parc Marla Lulsa）和西班牙广场。
- 美术馆，建于默塞德·卡尔萨达（Merced Calzada）老修道院内，被视为西班牙第二大美术馆。

罗思塞斯酒店（Los Seises）☆☆☆☆

（特色酒店）这家酒店位于历史老城区的中心，是原建于16世纪的宫殿，1991年全面翻新。它既保留了极美的古建筑遗迹，又与最前卫的装修和家具水乳交融。酒店拥有42间非常舒适的房间，浴室、电话、电视、空调、冰箱、保险柜一应俱全。酒店内还设有客厅、自助餐厅（早餐厅）、酒吧、天台游泳池、内院和电梯。
编码：*SEVLOS*

大拉尔酒店（Gran Lar）☆☆☆☆

一家舒适的酒店，距离大教堂和老城区几分钟路程。酒店拥有137间舒适而宽敞的房间，浴室和风筒、电话、卫星电视、空调、保险柜、冰箱一应俱全。酒店内还设有餐厅、自助餐厅（早餐厅）、酒吧、客厅、电视厅、健身房、桑拿房、电梯、付费车库。
编码：*SEVGRA*

博塔科利酒店（Porta Coeli）☆☆☆☆

这家美丽的现代化酒店距离老城区有十分钟的路程。它拥有244间十分舒适和装修雅致的房间，配备浴室和风筒、电话、电视、空调、冰箱、保险柜。酒店内还设有餐厅、自助餐厅（早餐厅）、酒吧、小吃店、大客厅、会议厅、电梯、室内泳池、按摩浴缸、天台花园、付费车库。
编码：*SEVPOR*

阿方索十三世（Alfonse XIII）大酒店

艾斯巴拉广场（Plaza de Esparla）

致弗拉明戈舞蹈的爱好者

- “罗思加洛斯”（“Los Gallos”）：圣克鲁斯广场（Plaza Santa Cruz）11号。
- “塞维利亚剧场”（“El Patio Sevillano”）：哥伦布大道（Paseo de Colón）11号。

西班牙小食吧

- “莫德斯托”（“Modesto”）：圣克鲁斯区卡诺伊奎托（Cano y cueto）5号
- “哈布戈”（“Jabugo”）：卡斯特拉尔（Castelar）1号。美味火腿品尝处，极受欢迎。
- “第一家”（“La Primera”）：贝蒂斯（Betis）6号。美味（餐前）小吃。

多纳泰罗（Donatello）美味佳肴

- “埃卡尼亚-奥利萨”（“Egaña-Oriza”）：圣费尔南多（San Fernando）41号。用安达卢西亚食材烹制的巴斯克特色大餐。
- “圣马可”（“San Marco”）：摇篮街（Cuna）6号。塞维利亚人最喜爱的餐馆之一，有着典型的安达卢西亚装饰风格和一个很美的内院。
- “安全岛”（“El Burladero”）：卡莱加斯（Calejas）1号，斗牛士们最喜爱的餐馆。

从93/04/01至93/10/31的有效价格：从巴黎出发的人均价格包括：机票、带有浴缸或淋浴的双人房、早餐（不含中转费用）	·周末航班酒店住两晚的价格	加住一晚的价格		单人房每晚附加费用	加第三张床每晚的折扣价	
		周五/周六/周日晚上	周一至周四晚上		成人	3至12岁的儿童
罗思塞斯酒店 ☆☆☆☆ 从04/01至04/25 从05/05至06/30 从09/01至10/31	2855	375	490	145	35	55
从04/26至05/04	3725	810	810	145	80	120
从01/07至08/31	2855	375	375	145	35	55
大拉尔酒店 ☆☆☆☆ 从04/01至04/25 从05/05至10/31	2865	380	380	205	35	55
从04/26至05/04	3225	560	560	265	55	80
博塔科利酒店 ☆☆☆☆ 从04/01至04/25 从05/05至10/31	3025	460	460	265	45	65
从04/26至05/04	3905	900	900	345	90	135

招呼叫停穿梭巴，参看第16页◆租车，参看第29页◆我们所有的酒店都可以至少预定两晚，但交通自理；每份申请材料需另交100法郎◆周末：表中价格适用于周五、六、日的晚上◆从外省出发和儿童价的折扣，参看第7页。

节选自多纳泰罗旅行社指南（Extrait du catalogue *Donatello*, "Tour Operator"），1993，第 16—17 页，西班牙。

这类练习不会逐级增加难度：做第一个练习时理解其目的和掌握其方法所需要的时间在做进一步深入练习的时候将会迅速地减少。可以用此方法去研究其他教学材料中刻板印象的机制。它们包括外国时装杂志、报刊漫画、电视新闻等。[1] 同样，也可以揭示其他国家针对同一个国家所产生的多种刻板印象，以及它们随时代变迁所发生的变化[2]。如此便可以描绘出世界各个地区对同一个国家的"成见图"（"刻板印象图"）。譬如，关于英国的表征在英语非洲、印度或南美洲都是不相同的，由此便可推导出相关描述方法：运用国旗的颜色、用某国某一地区的特征来代表该国（例如，用安达卢西亚省代表西班牙、用巴伐利亚州代表德国）、借用数量非常有限的象征物…… 参照的事物越趋向于概括（统称词、专有名词的缺失）和越依赖于表述者本人的参照系统（基于生理和食物的差异、或者基于性格特征的参照——这意味着要与他本人的文化进行比较），就越标志着本土文化和被描述文化之间距离的遥远。**在公开谈论一种外族文化时，对其所持的成见往往隐蔽地、更多地投射出本族文化系统而非明言的外族文化系统。而这一观点一旦得到确立和理解，教学目标便达到了。**

---

1 英国学者对本国达勒姆郡地区青少年的初期表征来源进行过系统的统计。载于拜勒姆、埃萨特-萨利斯、泰勒（*in* Byram M., Esarte-Sarries V., Taylor S.）：《文化学习和语言学习：一份研究报告》，第 4 章："学生的感知和态度形成的来源及影响因素：学生视角"（*Cultural studies and language learning*. A research report. Chapitre 4："Source of and influences on pupils' perceptions and attitudes. The pupils vues."）克利夫登, Multilingual Matters, 1991。

2 关于 1945 年至 1987 年间德国和法国相互之间表征的变迁，请参看：迪特里希、费克尔（Dietrich R., Fekl W.）：《奇怪的邻居：卡通镜像中德国与法国的关系》（*Komische Nachbarn. Drôles de voisins*. Deutsch-Französische Beziehungen im Spiegel der Karikatur），巴黎，歌德学院，1988。

评 估

在前述系列练习结束时，学生应该已经有能力发现带有成见的言论——包括针对他们没有接触过的文化——的表述方式。最后这个阶段可以作为评估阶段。例如，可以要求他们揭示以下这类材料中刻板印象的种种效应并将其分类。

庆祝新年的各种方式

"西班牙儿童乖乖地准备好十二粒葡萄，新年钟声每敲响一下就吃一粒。

在卢森堡，人们喝完一杯香槟酒后，就互相拥吻三次并互相祝贺'新年好'。

在希腊的希俄斯岛上，平安夜里还没有睡觉的孩子们和父母一起去看高达两三米、挂上彩灯和旗帜的轮船模型，并高唱圣诞颂歌。

如果您在意大利过节，请当心您的脑袋。因为新年第一天要扔破烂，即依习俗要扔掉破旧之物，而最简单的方法是往窗外扔。另外，如果您的未婚妻是意大利人，可要想着送她一件红色内衣来开年哦，这是幸福的象征！"

节选自"圣尼古拉、圣诞老奶奶（la befana[1]）、圣诞老爷爷和其他人……"载于《独特之处》(Extrait de «St Nicolas, la befana

---

1 意大利语，指女版的圣诞老人，也是通过壁炉到房子里来给孩子们送礼物。不过她来的时间不是圣诞节，而是主显节（1 月 6 日）。——译者注

et le père Noël et les autres...》, *in Le Particulier*), 1992 年 12 月第 835 期，第 17 页，巴黎，Le Particulier. [1]

　　辨别出频繁使用刻板印象的材料的来源有利于对这些材料进行鉴定。不过，虽然在该领域媒体材料很容易鉴别，但对教材进行质疑却不那么常见。在教师任教的学校里，尤其难以鉴别他所教的那门外语的教材之外的其他学科的教材，包括一般外语教材、母语教材、历史教材、地理教材。我们因外语教师在两种或多种文化之间的协调员身份而把鉴定教材的职责托付于他。他可以同时使用其学生所在的教育机构的教材和他任教的教育机构的教材，并对关于同一个民族的来自各方面的不同评论进行比较。传统上（人们认为）学校教材不容置疑地反映了客观现实，但我们还是要尽量指出这些教材在哪些方面投射出一种深受其文化背景影响的对他者的看法。在这方面，历史和地理著作提供了取之不尽、用之不竭的素材。

各国地图中对外国空间的描绘

　　以下练习旨在让学生发现人们从何种视角再现"外国"，尤其是从何种视角描绘外国空间。

　　练习的要求如下：找出能够识别绘制这些地图的国家的标志；被描绘成世界中心的国家可被鉴定为传播这种异国表

---

1 《独特之处》杂志（巴黎蒙马特大街 21 号，邮编：75002，电话：40-20-70-00，订阅：208 法郎 / 年）同意我们转载以上短文。文章刊登于该杂志的 1992 年十二月第 835 期（应杂志要求注明准确出版日期）。

征的国家。

下面的地图 1 是在夏利昂、拉乔（G. Chaliand，J. -P Rageau）绘制的地图的基础上修订的。详细出处如下："多种视角看世界"，出自《战略地图册：世界力量对比的地缘政治》(«Visions du monde», *in Atlas stratégique*. Géopolitique des rapports de forces dans le monde.）巴黎，Fayard，1983，第 14—17 页。

1. 苏联眼中的世界

2. 澳大利亚眼中的世界［根据阿蒂斯（Mc. Arthus）的原则绘制的地图］

从多种角度展开描述的练习，有利于提高对刻板印象运作的敏感性。只有基于各种表征间的激烈冲突，才能够开始进行提高文化敏感性的训练。但如果仅限于此，这个阶段就有可能变成一个纯粹的教学小技巧。

四、学习重新解读社会现实

尽管分析外国表征的全过程凸显出我们所有的身份特征，这种分析不能仅仅归结为对表征效应的一种鉴定。重要的是要引起对任何获取外国信息的方法的警惕性。更广义地说，要重新审视的是外国信息与外国现实的关系。非本族人（当地人）本能地认为本族（外国）信息提供者在描述其文化时往往比他占优势，其实他应当学会评估这种"专家"的素质在何种条件下才是可信的。评估一种外来信息的信度——即使评估者本人不具备直接接触外国文化的经历，是与外国和外语发生关系时最常见的一种情况，同时也是最微妙的一种情况。

评价外国文化行为时往往需要参照社会规范，或者扩展到对两种文化的对比分析。

学习探讨社会规范

以下练习以案例分析的形式进行：在此提供了好几种情景供小班判断，小班必须评估这些情景是正常的抑或是不正常的。

- 48 -

C **Normal** [smɹoN] Normal [lɐmɹoN]

1 Betrachten Sie bitte jeweils kurz die folgenden Bilder und notieren Sie, was eventuell auf diesen Bildern nicht normal (überraschend/widernatürlich/nicht gesellschaftskonform) ist. Arbeiten Sie nicht zu lange. Wenn Ihnen nichts auffällt, so gehen Sie bitte zum nächsten Bild über. Am besten einigen Sie sich mit der Gruppe auf ein Zeitlimit.

2 Tauschen Sie bitte Ihre Eindrücke im Plenum aus und notieren Sie sie stichwortartig an der Tafel und im dafür vorgesehenen Feld des Arbeitsbogens.

Angaben zur Person Geschlecht: Alter: Beruf: Wohnort: Geburtsort: Sprache/Dialekt: Sonstiges:	Sie selbst	Deutsche(r) Nr. 1
Bild Nummer	Ihre Eindrücke	Eindrücke
1		
2		
3		

- 49 -

Kennzeichnen Sie Einzelmeinungen besonders.

3 Auf der Cassette haben einige Deutsche geäußert, was ihnen an den Bildern auffällt. Teilen Sie sich – wenn möglich – die Arbeit auf: Notieren Sie auf Ihrem Arbeitsbogen zuerst die Angaben zur Person der Sprecher. Schreiben Sie dann stichwortartig auf, was für diese Leute NORMAL bzw. NICHT NORMAL ist.

4 Arbeiten Sie wieder im Plenum und tauschen Sie Ihre Ergebnisse aus. Bestimmen Sie die Bedeutung von NORMAL.

Deutsche(r) Nr. 2	Deutsche(r) Nr. 3	Deutsche(r) Nr. 4
Eindrücke	Eindrücke	Eindrücke

选自霍格、穆勒、韦斯林（M. Hog, B.D. Müller, G. Wessling）：《不同视角：关于语言敏感性的第十一章》（Sichtwechsel. *ELF Kapitel zur Sprachsensibilisierung*），慕尼黑，Verlag Klett, Edition 1984，第48—53页。

　　这些意见一般都是自发表达的，而课堂练习则把它们变成集体讨论的对象。在此要追求的不是共识，相反却是对各种意见进行解构分析，并重新建构各种论据，这些重建的论据其实也暗示着这种或那种意见。练习的目的在于使学生意识到，只要社会规范没有得到阐明，只要它对于某个特定群体而言既非普遍适用又非被习得的，那么它就会被作为一种聚集各种意见的参照体系来体验。这项练习针对的是德语专业的学生群体，它凸显出同一个族群内部的社会规范具有多重意义的特征。如果该练习针对学生所处的文化现实中的各种情景来进行，也有可能达到同样的目标。此外，如果学生能够透过外语，正视外国文化规范与自己的母文化参照系统相距很远的现实，那么上述练习就将更加适合他们。（以出国进修或留学为例）。

那些本可得到一致同意的观点却受到质疑，而不是被视为理所当然的；而且在某种程度上这些观点已被放大镜放大，并被扭曲成不恰当的观点。整套练习都可以根据这个原则编写，并以那些象征性规定的影响特别明显的材料为依据。文凭是其中一例："根据对学校文凭默契的定义，文凭**形式上**保证具备一种专门的能力（如工程师的头衔）；文凭**实际上**也保证具备'一般文化知识'，文凭越有名气，所具备的'一般文化知识'就越为广博。而与此相悖的是，对于文凭所谓形式上和实际上保证的东西，或者不如说，对于它保证的程度，人们不能要求有任何实实在在的保证"[1]。重新解读现实，就要对看似显而易见的社会关系提出质疑，解构建立权力行使基础的过程，分析各种意见 —— 象征性的规定机制正是通过这些意见得以建立。**这种对现实的解读在外语课堂上很管用，尤其是因为它不再依据被描述社会的外部表征，而是依据内部的力量对比 —— 对此学校以外的解释很少是明确的**。学校是上述规定产生效应的一个场所[2]，然而对外国教育体系的明确解释远不是要侧重学校

1　布尔迪厄（Bourdieu P.）:《区分：判断力的社会批判》（*La distinction*. Critique sociale du jugement），巴黎，Les Éditions de Minuit，1979，第 24 页。

2　关于为研究英国公立中学里法语教学的学者而写的有关描述，参看塞尔（Serre A.）:"英国公立中学：关于高中生所制作材料的研究报告"，载于《文化教学（外语学科，高中）》（"Public schools. Compte rendu d'une étude de dossier en classe de seconde"，*in L'enseignement de la civilisation*（langues vivantes，second cycle）），巴黎，INRP，1988，第 82—134 页。

课程和典型的学生作息时间表，反倒是教育的社会价值、晋升（升级）仪式（les rites de passage）、校内自行遴选的过程、各方之间的力量对比将会得到描述。其他教学材料也可以阐明某个既定群体的内部逻辑。

官方图片的描述原则

作为政府认可的工具，官方图片谨慎地施加影响。该练习的目的是让学生学习超越图片的自然属性去发现描述的规则。

下图似乎只是一张普通的家庭照，但由于被拍照者的身份和其属于国际公众人物的原因，该照片具有了官方性质。由此可见英国王室家庭有权利赋予其所处的任何地方和场景以官方的属性，即使这种象征性的变化有时是在王室不自知和损害其利益的情况下完成的……

该图片材料的主题属于所有分享西方生活方式的家庭所拥有的相册的传统范畴，在此，庆祝一个新生儿宗教归属的仪式（官方照片拍摄于事件发生之后，而从不在此之前；照片记录事件），有助于再次确认家族身份。摄影师使时间定格。统一的背景、着装的规范（戴帽、穿大衣，尽管这是一张室内照）、旧式家具架空了照片中的年代。这种社会行为在后代人眼中应该是意味深长的。

在涉及一个其生活向大众公开的家庭时，私生活和"公共"生活的界限很令人敏感，因此，王室是一场重要表演的得益者，既确认了政权的权威又保留了家庭生活的特征。把握好公共生活和私生活之间的边界体现了官方摄影家的职业

英国亨利王子的洗礼，1984 年 12 月 21 日，摄影师蒂姆·格雷厄姆，西格玛照相馆（Agence SYGMA）。

素养。委派一位官方摄影家——这里委派的是蒂姆·格雷厄姆（Tim Graham），要认可的不是他的技术水平，而是他在该领域处理符号意义的能力。于是，拍摄的物件和人物使该照片具有了高度的官方性质。哪些细节证明了这一点？摄影家对照片中的五位王室成员都细致地做了不同的处理。女王和婴儿分别位于照片中线两侧，而按照家庭照片的传统规则，会把中间的位置留给母亲和她的孩子。不过在这张照片中，母亲的身份还是依习俗有所突出：新生儿、母亲、父亲相距很近。在涉及男女之间的平等关系时，惯例也有所改变，不平衡之处象征性地有利于未来的王室继承人——查理（Charles）王子——的形象，他独享以下特征：他坐着，而按惯例应当站立；他神态无拘无束，抵消了女人们拘谨姿态的效果。这里展现的确确实实是一个"有别于其他家庭"的家庭。

下一张照片，表面上更"自然"一些，其实出自同一理念。即使是记者受邀来拍照，报刊在此同样赋予英国王室以普通家庭的形象。然而人们仍然可以发现传统官方照片所独有的特征：三代人同时在场强调了家族的延续；着装得体，只是经典儿童服装与游乐活动不怎么相宜。孩子处于官方世界的边缘，被假设为逃避了形式上的束缚，于是他得以把这个模糊的空间拟人化。在此政权同时彰显其合法性和人情味。

这类材料通过媒体大量传播，可是却往往被排斥在学校文化之外。然而它们确实存在于学生对社会的想象中。研究此类材料能破除对公众人物私生活的神秘感，同时提倡一种

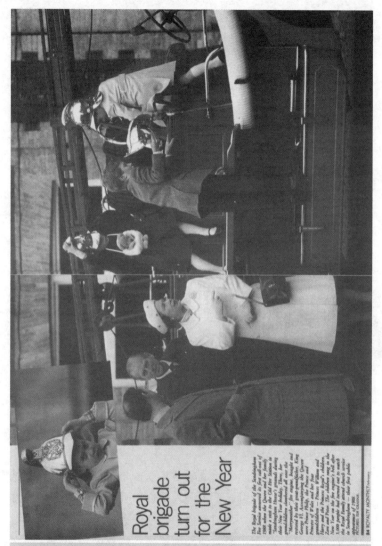

节选自"皇室月刊",《皇家杂志》(Extrait de «Royalty Monthly»,
The Royal Magazine), 7 卷 5 期, 第 24—25 页。

有别于简单鉴定材料的方法。学生可以学习观察并逐步增加官方性质的特征：一个庄严的场所、几个把人物置于一种历史合法性的细节（旧家具、先人的照片、装饰、民族象征），这些都能够赋予这个家族一种完全不同的意义，只是人物的排位也得遵循一种完全不同的逻辑。

还要补充的是，历史合法性越是得到彰显（设想一下无数戴王冠的脑袋只能通过通俗报刊来作为公众人物而存在），这种合法性就越是可疑，其社会分量也就越是微不足道。

官方照片往往是一个社会向自己提供的一面镜子，可是其描述原则远非普遍适用。人们可以发现提高身份的效应在各种不同的场合都能以同样的方式产生（各种人物之间严格的等级关系：台阶、扶梯经常充作背景来显示谁需要搁脚板，以避免消失在近镜头中的大人物身后；求助于传统象征，等等），然而权威的行使和道德价值观念的采纳却显示出不遵循"普遍适用的"标准。如果说在西方社会，妻子站在丈夫身旁是循规蹈矩的证明，那么在一个要把国家和其他价值观融合起来的社会里，这种现象可能恰恰导致了相反的效果。

动态分析外国表征可导致超越本族视角对其观察和分析对象的预设。关键在于引导学生进入他们一开始会感到陌生的另一种社会运作的逻辑，**并把对他们自己的表征的运作规律的拷问转换成对另一种文化的表征的内部运作规律的拷问**。这种拷问的转换是一个名副其实的教学进展阶段。

在这一学习阶段，外国文化被视为一种建构，但没有被简单定义为一个只有民族属性的整体。这种描述不再集中探讨一个族群的全体成员的共有特征，而是探讨他们各不相同的特征，后者在某些时候很适合解释他们之间的对立和分裂。关键不在于把描述复杂化，用某一既定社会有分歧和不统一的观念去取代一个民族共享的观念。并非如此，只是描述计划本身有所变化：区分和等级组成一个社会，但区分和等级并非是本体论意义上的。社会差异不是由一位超越了混沌世界的社会人所划出的一条断裂线而形成的。社会差异是社会活动的产物，这种活动同时建构、解构和移动原本在一条连续线中的边界。这条连续线更甚于一条边界，它是一种角逐的力量，互相矛盾的看法在此对峙着。课堂活动应当解释这种感知活动，并把分类作为从属于人们所产生的社会表征的活动来展示。

学习解读社会亲近感

一大早，他们就聚集在酒店狭窄的入口。店里的绿色（塑料？）植物之间摆了三张弗米加塑料贴面的桌子，上面放了三杯咖啡。独自坐在一张桌子旁边的是一位穿非洲长袍的女人，美丽而年轻。在另外一张桌子旁边，一对年长夫妇低声地交换着意见［……］美丽的女人站起来，向客人们打招呼，他们礼貌地回答她："早安，夫人。"

门重新关上，突然，留下的人们热烈地交谈起来。"要知道，年长男子对人们说，这家酒店的问题，是一段时间以来它什么人都接待。过去这是家好酒店，但是那些人毁了这一切。店里总不能花时间修理好一切，然后又让他们再次来损坏。"这时酒店的女经理——她毕竟不是老板——解释说她来自巴黎第十区，她对此无能为力，她想离开这里，因为有太多的顾客让她头疼。"您对我们很好，这些嘛，安娜伊克（Anaïk）[1] 提醒道，唔，我也不是针对您说的。幸亏也有一些友善的顾客，幸亏不是只有那些来找事的人。"女经理接着说，近来她常在一家糕点店排队买冰淇淋，可是那里却建议她买一份"克里奥尔"（une créole）[2]，不，是另外一个名字，她想不起来了。"您们终于明白我的意思了吧，他们用了这样一个名字，用了一个那边的名字（une créole）。"于是当时女经理就反击道，"不要这样！在这里天天如此，我受够了！"接着她又对客人们说："请相信我，当时所有排队的人都笑了。这使他们开心。总之所有排队的人都笑了，除了一个女人，她很可能嫁给了一个黑人。这种情况就像是在惩罚她。然后如果他们还不高兴的话……""他们只要乘地铁走人就好"，那位年长男子补充道。在场的人都捧腹大笑。这位女经理又谈到盗窃，所有的盗窃行为。"在他们的国家他们不敢冒这个险，要被砍头的。""或者可能受其他惩罚"，年长男子用一本正经的口吻补充道。哈！哈！哈！

接下来要做的是付账单、道谢、到让·若雷斯大街上去呼吸新鲜空气。安娜伊克指出，尽管他们埋怨那些非洲人，

---

1 安娜伊克（Anaïk）是该文作者马斯佩罗（F.Maspero）的合作者，她负责把旅途中观察到的场景拍摄下来。详见该文最后的出处。——译者注

2 "克里奥尔"（créole）一词原意是"混合"，泛指世界上那些由英语、法语、葡萄牙语在殖民时期与非洲、加勒比等地区的本地语混合并简化而生的语言。此处指法语与阿拉伯地区的本地语混合而生的语言。此外"克里奥尔"还指一种地方风味的烹调法。文章中"克里奥尔"是个双关语。——译者注

但他们还是很高兴能赚那些人的钱。

F. 马斯佩罗（F. Maspero）:《戴高乐机场快车上的乘客们》(*Les passagers du Roissy-Express*)，安娜伊克·弗朗兹摄影（Photographies d'Anaïk Frantz），巴黎，Seuil，Fiction et Cie. © Seuil 文丛（Coll. Fiction et Cie. © Seuil），1990，第 206—207 页。

这个插曲发生在巴黎北郊的戴高乐机场附近，离连接机场到巴黎的主干道有一段距离。在此同时表现出团结一致和对外排斥两种倾向。该练习的目的在于理解一段同时表达了社会亲近感和社会距离感的节选的逻辑。如果只需解释文章结尾的种族主义背景，练习的要求会相当简单。这背景就是："穿非洲长袍的女人"在此代表了一个群体，其共同特征是非白人、小偷、脏鬼、汪达尔人[1]、非法国人的名字、野蛮的习俗。可是我们更愿意提出以下问题并要求学生回答：在该场景中出现的人们之间如何表现出社会亲近感？由于促使留下来的客人和酒店女经理（穿非洲长袍的女人）联合起来的因素在任何时候都没有被明确地指出过，这种团结一致便愈发显得突出。该文表达了一个社会群体鲜明的排外态度，但描述的方式非常模糊，非常符合经济原则：它不明示该群体一致认同的东西，除了使用"友善"这个词。"友善"一词含义相当广泛，足以获得一致认可。大部分客人的默认亦足以表现该群体的团结。

1　汪达尔人（les Vandales）为古代日耳曼人部落的一支，曾在罗马帝国的末期入侵过罗马，并以迦太基为中心，在北非建立了一系列的领地。现在有时也指破坏文物和公共设施的打砸抢分子。——译者注

　　与此相反，两位叙述者（但在本片段中只有安娜伊克出现）持完全不同的立场。尽管客人群体感觉这两位的立场与他们的言论是一致的（"我也不是针对您说这些的"），但是两位作者的文章事后表明了其对以上场景的一种批判性很强的视角。被排斥的人物（穿非洲长袍的女人，即酒店女经理）一开始就被描写成一位优雅女士，对一些顾客走后所发生的讨论的记录也没有明显的负面特征。两位叙述者指望读者能够默契地理解其个人立场。

学习解读社会距离感

　　"他们应该装修了房子，消除了能唤起往昔记忆的痕迹，如显眼的屋梁、壁炉、木头桌子和草编椅子。他们用花纸贴墙、刷新吧台并给它上光、配备仿大理石的桌子和独角小圆桌，于是咖啡馆变得既干净又喜庆。所有房间的地上都铺上了黄褐色大格子图案的地板胶。而困扰多时的唯一烦恼，是那房屋正面黑白条纹相间的木筋墙，用涂料重新粉刷超出了他们的经济能力。我的一位小学教师有一次路过时夸这房子漂亮，是一座名副其实的诺曼底风格的房子。但我父亲认为她是出于客气才这样说的。那些欣赏我们的古老东西的人，如院子里的水泵、诺曼底木筋墙，一定是想阻止我们拥有他们已经拥有的现代化设备，比如洗碗槽里的自来水，白色的别墅。"

　　埃莫（A. Emaux）:《场所》（*La place*），巴黎，Gallimard，NRF © Gallimard 文丛（Coll. NRF © Gallimard），1983，第 57 页。

　　这个片段表面上在强调一种认同（"我的一位小学教师

有一次夸这房子漂亮"），实际上描写了法国外省某城市的一间咖啡馆的小业主经济上相对富裕的状况。不过小业主们对自己的看法反倒是负面的（"我父亲认为她是出于客气才这样说的"）。于是一个误会就从小业主们和路过的旅客们的交叉目光中解析出来了。相对的富足并不能使小业主们确信自己的审美观，他们更愿意抹去不安稳的过去的痕迹。与此相反，观光者们从这些逝去时光的印记中看到的是正在消失的习俗和物品，它们的价值恰恰源自其相对长的历史。

　　从此文出发，可以提出几个不同的学习目标：

- 学习解读经济能力增长和社会阶层提升之间的差距。两者间本无直接联系，可是社会想象却往往建立在两者的关联之上（例如，成为百万富翁就意味着获得了富人的生活方式）；
- 学习解读某一社会群体对自己的看法和其他社会群体对前者的看法之间的差距。

　　以上情形和在旅游环境中观察到的蔑视现象很相似。旅游者对完全陌生的习俗所持有的怀旧、审美和怜悯的目光正是观众或看客的目光，他的表征（看法）与所观察到的场景中人物的表征（看法）之间的差距是巨大的，即使表面上双方共处于同一场景。

　　文化方面的训练不能简化为材料的学习和文章的理解。这种最低限度的定义仅在严格意义上的学校环境中（课堂范围内）有效。我们提出的建议是培养能力，以解决个人在与他者进行接触时必然会产生的交流障碍，并由此发现他还没有机会探究的关于他身份的某些方面，譬如他者的目光投射出其异国人的身份、行为的特点。而对于这位"异国人"即当地人而言，这些特点迄今为止都是无可争辩的明显事实。

关于教学材料的阐释工作，可假定对外国文化的解读主要通过语言学习和对材料所展现的社会文化背景的了解来进行。但此处倡导的目标更为宏观：学习者是社会人，他已经在某种既定文化里完成了社会化，他是透过在母文化中建构的表征来解读外国现实的。想与他者进行交际的明确愿望，满怀的诚意（有时人们会用"动机"这个不恰当的词来解释"诚意"）丝毫不能保证让学习者把握从一种价值观念体系过渡到另一种价值观念体系的过程。综上，与其把外语学习置于模糊的语言层面——而这种模糊性会随着教学的持续进展而消失，倒不如倡导赋予学生阐释权的原则。承认学生的阐释权会导致本族人（目标语国家的人）的阐释和非本族人（当地人）的阐释之间无法消除的差异。然而，既然这种教学的目标在于让学生与所习得的外国文化行为拉开距离，它将会致力于揭示这种差异并使之能够被接受。

第五章 教学材料的选择

从二十世纪七十年代开始，"真实材料"[1]被引入外语教学的课堂，这引发了一个新的问题：如何在课堂上使用课外材料？从此，外语教学中的文化教学就和真实材料的使用结合起来了。可能因为对这个问题的最初思考是基于一种性质非常特殊的材料——广告、报刊、电视新闻以及录像和电视，即脑子里首先想到的是建立在材料的物质性之上的类型。这也是出版社在介绍其目录中的产品时所优先推荐的教学材料，因为营销的制约决定了要把教学内容的确定放在首位。

这种对教学材料的分类有简单、易操作的优点，但同时也有只突出明显事实的弊端，由此会推断出任何真实材料都是合适的，只要它来源于目标语言。科技的进步对教学材料的选择产生了影

1　在设计教材的时候，"真实材料"根据所教授的各种不同语言，或快或慢地进入到教材内容中。于是它们成了衡量同一种教育体系中某种语言教学创新程度的指标。

"真实材料"概念鲜有研究，而主要被语言教学界的杂志所引用。这类杂志有：《法语在世界》(*Le Français dans le monde*)（内含教学专栏 "A comme"）；《现代语言》(*Les langues modernes*)。真实材料的概念引起了资料中心的深刻变化，这些中心只得建立新的部门来满足用户们的需求。

一份讨论"真实"概念的罕见文献是：马雷（Maley A.）:《真实到什么程度？——l'AILA 研讨会论文集》(*Jusqu'où va l'authenticité ?* Colloque de l'AILA)，南锡，CRAPEL，1978 年 3 月。

——关于"真实材料"本身的概念，参看前注。——译者注

响，并使人相信与此同时教学法也在进步。"真实材料"概念的模糊性使人以为选择一种新材料必然会引发一次教育改革。在此，我们要重新审视这个假设，首先要审视的是"真实"的概念。

一、善于利用现实的幻象

对某种职业文化的表达方式进行探究总是大有裨益的。"真实"一词于 20 世纪 60 年代进入外语教学的词汇中。当时，随着经济的日益繁荣，西方社会发现了消费社会的诱惑力。从广告中取材来展现消费社会的运作，这样既合理又模糊。合理，是因为广告是消费社会特有的产物；模糊，是因为广告表达了消费社会的梦想、欲望和野心，是不忠实地折射该社会现实的一面镜子：现实比广告制造的幻象要苦涩得多。然而广告材料往往撰写细致，制作精美，具有极大的诱惑力，能有效地为外语的传播服务。所以，如果这种逻辑在被描述的社会和真实的社会之间产生了差距，如果这种逻辑同样针对那些在本土环境中的受众，而他们并不熟悉外国环境中广告的符号意义在日常生活中的运用和推广，那么也只好就此作罢！

不过这样一来，"现实"的门槛就被跨越了："真实材料"的使用使日常、普通和平庸的事物成为合法的教学内容，图像材料也大量进入课堂，对短暂和偶然现象的描述似乎取代了历史和文学的教学。西方国家出版的教材要求学生在课堂上演短剧或者做角色扮演游戏（一种练习的前后两种名称），"假装"生活在外国。课堂是外国现实的"候见厅"，而大部分教师从来没有与之接触过。只有一部分学生终有一天会发现它。少数条件优越的学生将选择去国外旅行，其他一些则只能在有经济或政治条件限制的情况下去旅行。于是，外语课堂成为了一个模拟外国环境的场所。

在一份可使外语课堂上的文学著作学习合理性的教材说明书中，展现持目标语的本族人日常生活的真实材料是一种现实生活的浓缩版。正如地质学家仔细挑选碎片那样，真实材料是从其所处背景中抽取的一个样品，适合细致的审查。一个社会的深层结构和共同的默契行为在该社会现实的抽样中同样存在[1]。但为了使这种方法能够有效地表达意义，还需提供整份材料。

不过这种对真实材料的需求在地缘政治和商业背景中已不复存在[2]，目前复制的材料是处理过的材料。如果重新采用安伯托·艾柯（Umberto Eco）[3]提出的分类法来评估此类真实材料，它们属于赝品（contrefaçon）。根据材料出版与否，赝品制作的程度可分为"彻底的"和"有节制的"两种。通过一种"虚拟的条约"（pacte fictionnel）[4]，教材使用者们假设那些被称为符合原文的教学材料实际上与原文有所区别。由于出版和教学条件的限制，这些教学材料已经有所改动。出版条件的限制指教科书尺寸、复制质量、税费等；教学条件的限制指根据学生

1　"人们确实可以把电影视为一种日常生活的浓缩版，不是因为其内容，而是因为作为电影基础的那些日常生活中的默契行为。也就是说，一部电影中使我特别感兴趣之处，并不是制片人的明确意图，甚至也不是作者们无意识的执念（这是其他类型特别有效的分析对象）；而是启发他们的文化预设。"引自拉尼（Lagny M.）：《关于电影的历史——历史方法和电影史》（*De l'histoire du cinéma*. Méthode historique et histoire du cinéma），巴黎，A. Colin，1992。

2　参看本书的第一章和第三章。

3　艾柯（Eco U.）："虚假和仿造"，（第3章），载于《诠释的界线》[《Faux et contrefaçons》（Chapitre 3），*in les limites de l'interprétation*]，由布扎赫（M. Bouzaher）从意大利语译成法语。巴黎，Grasset，1992，第175—211页。

4　海伍德（Haywood W. D., 1869—1928，美国工人运动领袖之一）的原话。艾柯在讲到伪文学时借用此词。

的语言水平改动课文，取消不符合本地学校提倡的道德的内容等。然而教材使用者并不了解这些改动，他无法知道虚假体现在何处，便很真诚地以为改编的教材与原文的内容一致，在这种情况下赝品的制作是彻底的[1]。如果说存在"审美的整体性"，即从审美的角度去评判，改动过的文章的价值相当于原文的价值，那么却不存在"历史的真实性"。另一方面，当教师主动引入这些"真实材料"的时候，其真实性就会发生变化。或者他把已经处理过的材料（学生手上没有的材料选段——这是些学生没有能力自己去评估其"历史真实性"的材料，如从其他普及性作品中选取的材料）交给他班里的学生评价；或者他自己主动去改编原始材料。第一种情况还是属于彻头彻尾的赝品；在第二种情况中，他承担起责任并将赋予教材以一定程度的完整性，此时赝品的制作将有所节制[2]，真实性也将得到较好的保证。

综上，真实材料的使用更多地是与"假象"[3]的符号意义有关而非与无可争议的真实有关。改编的真实材料作为被委派的外国现实的代表，并非严格意义上的赝品，而是"真实"的仿制品，但不能够与它们所指称的"真实"材料相混淆。我们建

1　艾柯是这样定义"赝品"的："必须假设客体 A 存在于某处，它是唯一的正本（原文），它和客体 B 不一样［……］。一旦符合这些要求，而所谓专家又真诚地或虚伪地宣称既然对客体 A 的存在和价值已经有所了解，那么客体 B 与客体 A 就是一致的；此时赝品的制作是彻底的。"出处同前（117 页，脚注 3），第 186 页。

2　这次，是教师而不是出版社，履行艾柯称之为"专家"的职责："就像'彻头彻尾的赝品'的情况那样，我们保证客体 A 存在，或者曾经存在，专家也知道这个情况。读者知道客体 A 存在或者曾经存在，但对此事概念模糊。专家知道客体 A 和客体 B 是不一样的，但是他决定，在特殊情况下和为了特殊的目标，要使两者的价值相等。于是专家宣称，对于读者而言，'一致性'和'互换性'之间的边界是灵活的。"出处同前（117 页，脚注 3），第 190 页。

3　当然，该词在此处的使用不涉及道德价值观。

议教师根据本地学校的实际需求，有意识地对真实材料进行必要的改动，以便更有效地描述外国文化。学生应该能够辨别出这种改编工作带来的良好效果。至于教学材料本身，将根据其能否让学生意识到课堂描述与外国现实之间的差距这个标准，来决定选用或弃用。

二、善于挑选教学材料

真实材料概念的定义宽泛而灵活，导致的一个最隐蔽的后果是原来专门为学校编写的教材不再采用了。因为，作为回避批评性审查的现实的浓缩版，这类教材一直是经不起分析的。

学习揭示世界地图册教材 [1] 中的民族中心主义效应

可以利用世界地图册教材来达到以下教学目标：学习解释民族中心主义效应。一般认为地图尤其是地图册对空间的描述是客观的，而我们可以从地图册的目录开始进行分析，以凸显其价值被过度提升或被过度贬低的世界各个不同地区。接下来可以对材料的来源（出版国家、初版的日期）作出推测。

只需计算一下这本世界地图册中世界各个地区所占的页数便可以看到欧洲（91 页）、特别是法国（35 页）与其他大洲（亚洲：15 页；非洲：14 页；美洲：15 页）相比，享有更多的篇幅。地图册中使用的比例尺显示，占空间比例最大的是城市，包括巴黎（两张图）、法国的其他十个城市、伦敦、卡萨布兰卡、突尼斯、阿尔及尔、马拉喀什［摩洛哥］、纽约。这种空间观强调了法国的利益。

1　指法国学校里与地理教材配套使用的地图册。——译者注

地图册目次 & 比例尺

一、世界总图

地　图	目　　次	比例尺
13	南极（圈）地区	1:40 000 000
14	太平洋	1:70 000 000
15	大西洋	1:70 000 000

二、欧洲

地　图	目　　次	比例尺
16—17	欧洲自然环境	1:20 000 000
	一月份等温线	1:50 000 000
	七月份等温线	$-d^0-$
	地形	$-d^0-$
18—19	欧洲植被	1:20 000 000
	一月份的气候和风	1:50 000 000
	七月份的气候和风	$-d^0-$
	年降水量	$-d^0-$
20—21	欧洲政治	1:20 000 000
	民族	1:50 000 000
	人口密度	$-d^0-$
	宗教	$-d^0-$
22—23	欧洲经济	1:20 000 000
	工业	1:50 000 000
	主要经济类型	$-d^0-$
	土地类型	$-d^0-$

三、法国

地　图	目　　次	比例尺
24	法国自然环境	1:5 000 000
25	法国地形	1:5 000 000
26—27	法国气候	1:12 000 000
	一月份实际温度	
	七月份实际温度	
	一月份等温线	

四、法国大区

地　图	目　次	比例尺
	和东部地区	1∶4 000 000
	人口密度	
	降水量	
42	中央高原	1∶2 000 000
	自然环境图	
43	中央高原	1∶4 000 000
	地形图	
	植被	
	人口密度	
	降水量	
44	阿摩里卡丘陵区	1∶2 000 000
	（西部高地）	
	自然环境图	
45	阿摩里卡丘陵区	1∶4 000 000
	（西部高地）	
	地形图	
	植被	
	人口密度	
	降水量	
46	阿基坦和比利牛斯盆地	1∶2 000 000
	（大区）	
	自然环境图	
47	阿基坦和比利牛斯盆地	1∶4 000 000
	（大区）	
	地形图	
	植被	
	人口密度	
	降水量	
48	阿尔卑斯、汝拉、	1∶2 000 000
	西庸-罗达尼亚	
	自然环境图	
49	阿尔卑斯、汝拉、	1∶4 000 000

五、欧洲国家

地　图	目　　次	比例尺
65	伦敦地图	1:200 000
66—67	比利时、荷兰、德国	1:2 500 000
68	比利时和荷兰	1:2 500 000
	煤矿和工业地区	
	铁路和航道	
69	德国	1:5 000 000
	煤矿和工业地区	
	铁道和航道	
70—71	波罗的海国家—斯堪	1:5 000 000
	的纳维亚—冰岛	
72—73	中欧国家	1:5 000 000
74—75	中欧—地形图	1:5 000 000
76	瑞士	1:1 500 000
77	阿尔卑斯地区	1:3 000 000
	国家—经济地图	
78—79	阿尔卑斯地区	1:2 500 000
	国家	
	自然环境图	
80—81	地中海（沿岸）国家	1:10 000 000
82—83	伊比利亚半岛	1:5 000 000
	农业	1:10 000 000
	工业—交通运输	1:10 000 000
84—85	意大利和巴尔干半岛	1:5 000 000
86—87	苏联—欧洲部分	1:10 000 000
88—89	苏联—亚洲部分	1:20 000 000
90—91	苏联—经济地图	
	煤矿、工业、交通	1:25 000 000
	运输	
	植被、农作物、	1:50 000 000
	畜牧业	
	莫斯科地图	1:300 000

六、亚洲国家

地　图	目　　次	比例尺
92—93	亚洲—自然环境图	1:40 000 000
	一月份等温线	1:100 000 000
	七月份等温线	—d⁰—
94—95	亚洲—植被	1:40 000 000
	一月份气压和风	1:100 000 000
	七月份气压和风	—d⁰—
96—97	亚洲—政治地图	1:40 000 000
	民族	1:100 000 000
	宗教	—d⁰—
98—99	亚洲—经济地图	1:40 000 000
	降水量	1:100 000 000
	人口密度	—d⁰—
100—101	亚洲西南部（西南亚）	1:20 000 000
102—103	亚洲东南部（东南亚）	1:20 000 000
104	印度—巴基斯坦—斯里兰卡—经济地图	1:12 500 000
105	中国—经济地图	—d⁰—
106	日本	
	自然环境图	1:10 000 000
	经济地图	—d⁰—
107	印度支那	
	自然环境图	1:10 000 000
	气候	
	经济	

地　图	目　次	比例尺
	矿	—d⁰—
	能源	—d⁰—
121	城市：	
	卡萨布兰卡、突尼斯、	
	阿尔及尔、马拉喀什	1：100 000
	交通运输	1：12 500 000
122	非洲西部和赤道	
	农业	1：25 000 000
	矿、交通运输	—d⁰—
123	城市：	
	达喀尔、巴马科、	
	科纳克里、阿比让	1：200 000
124	非洲南部	1：20 000 000
125	非洲	1：100 000 000
	降水量	
	交通	
	人口	
	人口密度	
126	马达加斯加（马达加斯加共和国）	1：10 000 000
	地形	
	气候	
	经济	
	人口	1：20 000 000
127	留尼汪岛	1：1 000 000
	地形	
	经济	
	苏伊士运河	1：2 000 000
	索马里法国海岸	—d⁰—

地　图　　　目　　次	比例尺
安的列斯群岛	1:20 000 000
马提尼克岛	1:1 000 000
瓜德罗普岛	1:1 000 000
法属圭亚那	1:10 000 000

　　节选自塞兰、布拉歇尔、博内（Extrait de P. Serryn, R. Blasselle, M. Bonnet）:《新通用地图册》(*Nouvel atlas général*)，巴黎，Bordas，1962。

　　此外，对世界地图册中欧洲以外各地区的章节结构的分析提供了其他指标。每一章都以一个（原）法属地区来结束：印度支那（亚洲部分）、太平洋法属领地（大洋洲部分）、留尼汪岛、苏伊士运河、索马里法国海岸[1]（非洲部分）、巴拿马运河、安的列斯群岛、马提尼克、瓜的罗普、法属圭亚那（美洲部分）。法国的版图遍布全球，这是当时法国的强盛在地图册中的体现。学生们将通过查阅词典和历史教科书来注明某些事件发生的年代。比如关于苏伊士运河、巴拿马运河、印度支那、马达加斯加（必须弄清楚把"马达加斯加共和国"放入括号究竟对谁有好处[2]），并发现

1　索马里（索马里联邦共和国）位于非洲大陆最东部的索马里半岛。从 1840 年开始，意、英、法殖民主义者相继侵入和瓜分索马里。1885 年，法国入侵西北部地区，史称"法属索马里"；"索马里法国海岸"也是法国殖民时代的称呼。——译者注

2　马达加斯加共和国是位于印度洋西部的非洲岛国，是非洲第一、世界第四大的岛屿。在历史上，马达加斯加曾于 1896 年沦为法国殖民地，1958 年 10 月 14 日成为"法兰西共同体"内的自治共和国。随后于 1960 年 6 月 26 日宣布独立，成立马达加斯加共和国。所以这本于 1962 年在法国出版的世界地图册要把"马达加斯加共和国"放入括号内。——译者注

哪些强国曾经和仍然在觊觎它们，在哪些年代这些强国在这些地区得到了利益。这本世界地图册曾经用作法国高中生的教科书，如今他们已有四十多岁了。

这种方法可以首先用来分析一种外国地图册教学用书，接着再分析来自另一个国家的地图册教学用书（这个国家可以是学生的国家，如果教学的地缘政治背景合适的话；也可以和教授另一种外语的教师合作，分析另一个国家的地理教材）。在任何情况下，都可以依据以下标准强化这种分析方法：某既定空间所占的篇幅、地图比例尺、地图册结构的组织。人们常搜集某些相关信息，试图分析处于其他政治或经济影响区域的国家都持有哪些表征，或者分析地理距离遥远的国家都持有哪些表征。例如，位于地球另一端远离本国的国家。

在特殊情况下，这些参考信息当然不会在练习之初就告诉学生。

广播新闻或电视新闻的组织工作总是在民族和国际两个空间之间，以及在国际空间内部的双重对立中进行。一般优先播出在政治和地理方面受重视的国家或地区的新闻。优先与否体现在对主题所投入的时间，有无在现场的通讯记者和专门报道，专门评论家的介入，广播室背景中必要时出现的世界地图，有无天气预报，等等。凡此种种，都会造成对国际空间的褒扬或者贬损。历史教材同样带有褒扬和贬低的效应。一般原则是不要从自己国家的历史中去寻找这些效应，而是要从对外国历史的描述中去寻找。同样地，在激发学生所在国和外语教材使用国的民族感情的外部冲突中，也可能会有许多迹象可寻。凡是在民族象征物产生效应之处，都可以从首都的外国使馆在不同地理场所的分布中发现，或者在为促使外国游客前来而设在国外的旅行社或航空公司的布局中发现。

学习解读一个国家与其他国家的密切关系

这张地图呈现了葡萄牙国家航空公司网的布局情况。飞机通达的各个国家的性质和地位为它们与葡萄牙之间维持的或曾经有过的贸易和政治联系提供了标识。

选自《亚特兰蒂斯[1]》(*Atlantis*)，里斯本，TAP，葡萄牙航空公司，1993 年 1 月。

---

1 传说中一万年前沉没于大西洋的一座美丽富饶的岛屿。——译者注

　　以上材料并不对某国与其他国家间维持的关系提供一种终极的信息。每种标识只有在它与其他标识交叉时才具有价值。学习材料并不体现为一种终极的知识，因为它永无止境。因此要鼓励对知识采取谦虚的态度，同时提倡不把公认的专家的话语绝对化。这些材料更多地被设计成一张错综复杂的信息网，必须学着从主导材料制作的逻辑和利益出发来厘清这张复杂的信息网。为此，必须让学生理解材料制作的环境背景，因为这是进行正确分析的一个必不可少的要素。应该让学生在文中找出这些背景，或者把它们作为附件来掌握。如涉及后一种情况，将会附上专门为教学撰写的一篇文字——参考书目。这是作者经常使用或材料背景所特有的参照体系[1]。

教学材料制作的背景

　　以下材料本身就提供了确切的制作背景。这篇演讲首先于每年 5 月 8 日在奥尔良庆祝的贞德[2]节期间公开发表，随后由法兰西共和国总统办公厅新闻处发行。本材料是从社会党资料中心拿到的。

1　在以下资料中，可找到一个精心设计的例子来介绍这种阐释的辅助手段。载于塞尔（Serre A.）：“英国公立中学”（Public schools），出处同前（103 页，脚注 2），1988。

2　贞德，又译圣女贞德（1412—1431），英法战争中的法国女英雄。在英法百年战争中领导法国人民屡次战胜英国。——译者注

PRÉSIDENCE
DE LA
RÉPUBLIQUE

SERVICE DE PRESSE

DISCOURS DE M. FRANCOIS MITTERRAND,
PRESIDENT DE LA REPUBLIQUE FRANCAISE,

Place du Martroi à ORLEANS

Samedi 8 Mai 1982

C'est ici, à Orléans, que la France a pris, voici plus de cinq siècles, le grand tournant de son Histoire.

Ici qu'à l'appel si fort, si clair de Jeanne, enfant de notre peuple, a cessé le long balbutiement de l'Histoire entre trois France dont une seule pouvait assurer par elle-même sa grandeur et son identité.

C'est ici, entre Orléans, Jargeau, Meung-sur-Loire, Beaugency et Patay que Jeanne et la poigne de ses compagnons ont forcé le destin.

On peut, en effet, appeler cette fin du Moyen-Age en Europe le "temps des hésitations". Et c'est à bon escient ... baptisé ... "Age sombre".

共和国总统办公厅
新闻处

法兰西共和国总统弗朗索瓦·密特朗先生的演讲
1982 年 5 月 8 日　星期六
于奥尔良殉难广场

五个多世纪以前，法国在这里，奥尔良，实现了伟大的历史性转折。

在这里，人民响应他的女儿贞德发出的激昂而清晰的号召，结束了三个法国之间漫长的历史之争，其中只有一个能够独自捍卫祖国的伟大和统一的身份。

[……]

教材里图片材料的出处经常模糊不清，它们更像为书页增添亮色的插图而不像真正的教学材料。教材的规格（标准尺寸）往往使图片缩小，这就影响了出处字迹的清晰度。出版社宁愿增加照片的数量而不是仅提供一张质量上乘的复制照片以方便细致的观察。图片材料很少注明日期，其作者的署名也很难找到；它时常被放到教材的最后面，与作者的版权并列。可见摄影师并不被视为真正意义上的作者。凡此种种都损害了倡导学生要遵循的严谨原则。这些缺陷可以轻易地用教师自己带到课堂上的材料去弥补，只要他在收集个人资料时注意遵循严谨原则即可。

教学材料收集的基本条件是要注明出处，要始终重视注明所选取材料的出版日期和地点（该标准已经普遍应用于报刊材料的选择，但尚未应用于视听材料的选择），有时还要注明节选材料所处的大背景。材料的挑选看似简单，实际上挑选本身就具有意义。以后人们有可能希望对材料进行概括性更强的剪切，但如果此时有关的背景资料不在手边，这是不可能做到的。所以，包含在一个系列里的材料应当连同它所属的系列一起保留，譬如一张照片连同对它的点评，一个节选连同整本书的摘要，等等，都要一起保留。作为日常生活细节的收集者，捕捉平淡琐事的专家，教师本人也对他所收集材料的质量有着严格的要求。

系列材料

以下有三组照片，每组三至五张，用于描述与俱乐部网球训练有关的多种实践活动。俱乐部的情况包括毗邻城市居民点的网球场的状况，俱乐部提供的用餐方式，网球运动本身。本材料质量的保证也基于以下事实：它描述的是三个地理空间有限的城市网球俱乐部，位于斯特拉斯堡大区。

本练习的目的不是揭示某类运动员代表某个特定社会阶层这一事实，而是学习抽取能区分社会阶层的特征。系列材料中显露出来的规律性在瓦塞（A. M. Waser）的研究中得以分析，并勾画出如下主要特征：高雅俱乐部被树木与外界隔离开来；白色网球服符合最正规的体育传统；会所的餐厅和餐具的摆放同样符合酒店的传统。对既定规则的遵守、考究的摆设、空间的严密组织都显示了私密圈内的社会实践。其他两套材料则遵循不同的规律。在一个系列中，空间的组织没有这样严密：人们在草地上野餐，打网球时不考虑举止风度，乘凉时注重社会交往。在另一系列中，打网球首先是体力运动，此处空间的区分不再明显：人们把衣服放在酒吧的桌子上，停车场紧挨着网球场，身体出汗时衣服变成了减负的障碍。以上所有细节描述了一系列的对立：遵守规则或者不遵守，对纯体力运动的委婉批评或者赞扬，球友间选择性或开放性的社交圈。总之，在"俱乐部"的单一词义背后，是多种多样的社会实践，而我们的目的就是要把它们都揭示出来。

第 138—140 页材料，节选自瓦塞（A. M. Waser）："球友市场——对三个网球俱乐部的研究"，载于《社会科学研究学报》（"Le marché des partenaires. Etude de trois clubs de tennis", *in Actes de la recherche en Sciences Sociales* ），1989 年 11 月第 80 期，第 2—21 页，巴黎，EHESS。

10 安娜-玛丽·瓦塞

一家高雅的网球俱乐部

这家俱乐部位于市中心附近，高大的树木环绕着四周，隔离了噪音，避免了酷热。俱乐部内一片葱绿，维护精心。小路两边栽满鲜花，露天座面向草坪，置身在一座建于二十世纪初的小别墅的阴影下。夏天，俱乐部的成员们在此用午餐；其中一些人，主要是女人，下午常在此相约打桥牌。

男女球员们大都穿着相当朴素的白色网球服。他们在网球场保持缄默，靠近搭档时才跟他说话，如祝贺他打了一记好球，感谢他送了一分给自己，询问比分等。不过在任何情况下他们都不会在网球场上大呼小叫，以免打扰附近网球场的球员。会所反映出俱乐部的名气。它被布置成格调高雅的酒店——墙上挂的古典画作、采光技巧、白桌布和银餐具无一不显示着这一点。资质良好的球员们在这里享用精美菜肴、名葡萄酒和名香槟。

12 安娜-玛丽·瓦塞

廉价网球运动

这家会所最近在近郊建成，它挤在几座密集的楼房、一条高速公路和一个停车场之间，裸露在噪音和阳光中。没有地方可安置露天座，于是小汽车的引擎盖就成了观众的座位。他们毫不犹豫地像足球赛的粉丝们那样拼命叫喊，热情地鼓励网球运动员们。

这个俱乐部的大部分球员（非会员）往往都是没有受过正规训练的。他们裸露着上半身，穿着短沙滩裤，没有专门的球鞋，手握廉价的球拍，使用打旧了的球。他们就这样投入比赛，运用极其个性化的技术，对网球运动的规则只有模糊的认识，因为他们只能通过观察电视上训练有素的运动员和转播的球赛来接触到这项运动的技术和战术。

会所充作酒吧，领导们的妻子在这里喝汽水、啤酒和红酒，吃三明治；球员们等待腾空的场地时也聚集于此，他们讨论，打牌或者玩填字游戏。他们还把随身衣物放在桌子上，因为不一定有更衣室。

"小资"网球运动

这家俱乐部位于一个衰落的资产阶级和新生的小资产阶级共同居住的城区中心。此处只有用简陋大帘子遮阳的露天座和维护欠佳的园区。幸好里面还有一个诱人的啤酒供应站，夏天的晚上，俱乐部成员可以和网球搭档、邻居或家人前来享用这里的招牌菜（热香肠、土豆沙拉等）并佐以鲜啤酒。因此，这里最大的优势不是设施的精良或舒适，而是乐天而随和的感觉，好开玩笑和相处融洽的氛围。

有些人穿着别出心裁、花里花哨的外衣（花纹T恤衫、荧光运动短裤等），另外一些人则注重穿戴的"实用性"（吸汗的棉质T恤衫、自行车运动帽、护腕套、护膝，等等），既不考虑优雅也无任何讲究，这从他们竭力挥拍和收紧手腕的动作都能看出来。这些动作表达了他们要在力量上压住对手和拼尽全力的意图。在网球场上保持安静的规则不是总能得到遵守，有些球员会像大冠军那样，毫不犹豫地高声表达他们的欢乐或者声嘶力竭地互相鼓励。

会所的酒吧是赛后球员们就刚才的比赛细节进行"复局"的场所（"第二盘中，在三局一胜的情况下，在这个边线抽球箭一般地飞出去之后，我真的以为你不会再继续打下去了……"）；是他们介绍自己的搭档和进行其他约会的场所。这里也是常客们聚会的地方，他们晚上在此讨论、喝威士忌或者玩塔罗纸牌。

　　过时的材料往往会提供一些被忽略的资源。前面我们已经看到，从过时的教材中很容易推断出其被撰写的前提。从更广泛的角度看，任何注明日期的材料，无论是笔头的、口头的抑或是直观的[1]，都容易与人们不再参与的已经过去的社会现实拉开距离。一则 20 世纪 50 或 60 年代的广告，其诱惑力因过时已经消失，但针对那个时代受众的向往之物提供了高质量的信息。总之，能够辨认出一种材料已经过时，或者更好的是，能够推测出材料产生的大致年代，这都是要求掌握的能力，以把握代际之间表征变化的逻辑，进而把握某个既定社会的历史演变。

　　任何引起表征断裂的材料显然都具有很高的教学价值，如一组基于新旧价值观冲突的材料。如果从一种文化转入另一种文化所造成的断裂让人感到惊叹，那么这种断裂也能产生很好的教学效果。

第一印象

　　"1990 年 11 月 11 日　星期天

　　从机场出来，我们穿过寂静的村庄。这是一片平坦的原野，也许很肥沃，可是在这个土地光秃秃的季节又如何能够知道？天气温和而多雾。唯一令人不安的一抹色调，是那高耸入云的机器，别人告诉我这是挖煤机。整整一年过去了，

---

[1] "电影在心理上依赖其现实性［……］，胶片在贬值，电影技术在发展［……］。几年的时间足以摧毁电影的现实幻象（illusion réaliste）原则，因为它已经变得陈旧过时。"引自拉尼（in lagny M.），出处同前（117 页，脚注 1），1992。

一年前发生了一件难以置信的大事——柏林墙倒塌了，这导致了一个国家的消失，和另一件当时无人再相信会实现的事情——德国的统一。仅仅在一年当中就发生了如此多的动荡。为什么历史不是随处可见的，就像在画里，第一眼就抓得住？在一个星期天的下午，我环顾四周，只看到有点沉闷的乡村景色，包括农庄、矮树林。

也许和所有头脑里塞满了电视画面和对大动乱的激情报道的法国人一样，我曾经想象民主德国从上到下的彻底改变，想象它的城乡正处于持续的欢乐之中。某种类似1989年大变革的氛围，至少像去年庆祝游行和活动的电视转播（又是电视！）向我们展现的那样。我想象不久之后我将在莱比锡看到的主要是历史，一段铭刻在墙上的四十年的资本主义（而非真正的社会主义）历史，还有当地人的服装和手势。但实际上，只是对于不了解该国度的陌生人而言，过去已经消亡；而对于当地居民，"过去"仍然是"现在"的一个组成部分。我写下的是"看到"，但在两天当中，除了表象，我又能"看到"什么。在看第一眼时，现实不会比历史更容易捕捉得到。

再者，我的目光并非是单纯的。一段童年的回忆涌上心头：某个夏天，一些度假的巴黎人在我居住的外省平民区里迷路了。他们惊奇地打量着我们，大声地表达他们对我们生活状况的同情。而我们在玩耍，并没有向他们索要任何东西。那么今天，作为从西方来的游客，难道我不是和当年那些富裕的巴黎人怀着同样的心态，坚信自己的幸福和优越感？不过，至少我没有任何要出售的商品——这是自我安慰的办法，不同于那些挤满飞机，坐在一排排座位上低头翻看资料的商人们，他们就像一群准备融入德国领土的昆虫[……]"

节选自艾诺（Extrait de A. Ernaux）："瞬间"，由克洛迪娜·德尔菲汇总，载于《莱比锡》（«Instants, Augenblicke», réunis par Claudine Delphis *in Leipzig*），莱比锡，莱比锡法语学院，1991，第14—15页。

以上文章以作者在民主德国旅行了三天所写下的日记的形式发表，它见证了罕见的时刻，而在此期间观感并不单纯。这篇节选表现了这样一种目光：一开始很惊讶，但很快就变成了作者对自己的感知分类方法的一种反思。随着时间的推移，该节选又转向另外一种目光，此时作者变成了观察的客体而不再是观光者。

这里描写的是表征变化过程的第一个阶段。最初的目光很快转变成了职业的目光。它并不停留在对异国风情的最初的激动上，而是在预感到将会惊奇的情况下，急于探究观察的质量。

"惊奇"是一个人们不太看重的优点。"第一眼看到"（le premier regard）揭示出那些独一无二却又稍纵即逝的时刻，此时观察者引进在别处建构的分类法来感知事物，因此"第一眼看到"是以"一闪念"的那种单纯来解读外国现实的。有时候，"第一眼看到"的东西与事物的表象完全割裂，它瞄准不寻常之处，勾画出迄今为止都没有被本族人描述过的那些整体意义的轮廓。而这些人从来都没有发现过这些意义并将它们加以内化。如果说由于"对外国的惊奇"具有极其不确定性和单纯性，不能形成最终有效的描述，它仍然是一种可利用的动力，能引导人们看到他们从未感知到的东西并揭示出因过于熟悉现实而产生的短视。

三、善于利用教学材料中的社会学意义

材料的多样性是一个有利条件。而在总体上把各类材料对立起来，如把报刊文章与文学选段对立起来，把广告与故事片对立起来，其成效几乎为零。这些对立由教学传统引起，而对于我们的意图而言，它们导致的成效非常低。相反，材料的多样性正是在同一个学习单元里显示出其意义，只要这种多样性能够重现对同一种社会现实的不同解读、紧张对峙和互相矛盾的动因。

如果教育的意图较为侧重学生的社会化问题，"专题材料"作为一个功能单位（单元），会优先考虑信息内容的掌握（引起对社会现象的注意，譬如对某一特定国家的妇女地位、青年、失业等问题的注意）；或者提出普遍关注的问题（饮食平衡、世界上的饥饿问题、奥林匹克运动会等）。材料的挑选和学习的进展一般围绕如下阶段：引起对某专题的兴趣，加深对相关知识的了解，以个人分析的形式（写作、辩论、角色扮演）重新运用已学知识。学校的课程就这样有效地进行，仿佛每个"专题"都把有关问题和材料研究透了，之后它们将不会再被涉及，因为学生在某位老师的指导下，在某个学习阶段已经"研究"了法国的妇女、哥伦比亚的毒品等专题。课程以单元的形式设置，各单元的顺序可以是随意的，因为每部

分内容都各自独立。这就能够在教材中任意"漫游"，教师也能够最大限度地照顾学生的兴趣。教材的结构亦适应这些任意的路径：主题的介绍可根据拼音字母排列的顺序、或分成模块、或按照一年四季划分。这种组织方法的优点是具有灵活性，但也会导致对外国文化现实的发现缺乏依据。在这种形式的教学中，只有新学到的语言知识得到评估，而"针对（某主题）"的话语不是确切评估标准的对象，重要的仍然是语言上的改善。

需要指出的是，目标原则能使学习的重点放在培养阐释（外国文化的）能力上，而阐释能力能优化所教授文化和学生的文化之间的关系。可以根据目标原则建构反思和发现外国文化的教学法，这样一种教学体系，必然会引出与前述设计不同的另一种教学设计，这就是以文化目标为纲推进教学，教学内容进行分级并且只能根据预先规定的顺序展开。每一个新阶段都假定有关的先前知识已经掌握。例如，根据对官方照片的解读工作，假定已经掌握了以下的对立及对立引发的意义效应：近景／远景、中间的人物／旁边的人物、站着的人物／坐着的人物。正如我们在前面看过的插图那样，一个类似于"学习揭示民族中心主义效应"的目标是独立于一个专题或一种确切的材料之外的。此外，同样能够作为实现该目标的其他工具和材料包括地图、城市平面图、教材、报刊材料、视听材料。

按照同样的逻辑，一种教学材料最初并非只和一个单一的目标、一种单一的受众维持一种独一无二的关系。由此可以预测到一种材料可以为适应初学者的学习目标而使用，也可以为适应具有更强阐释能力的学习者的学习目标而使用。按照题目的要求，各学习群体可根据不同需求对同一种材料进行不同的处理。试举如下例子："描述 X 的观点"；"概括 X 所参照的价值观"；"评价 X 将如何看待 Y 的观点"；"对比 X 和 Y 所践行的价值观，并指出那些使或不使它们部分或全部变得相容或者不相容的因素"；"推测 Y 的地位是否比 X 优越和／或者与Z 相比却又处于劣势"；"将 X 的各种观点联系起来并与其在某个时刻代表某阶层的观点相比较"；"与 X 自称所代表的群体相对照，衡量其观点的代表性"；"向 X 解释 Y 的观点""假设引起 X 和 Y 之间危机的因素"；"通过论证指出下列各种观点的持有者：X、Y、Z 等"。上述指令虽然列举得还不完整，却也足以分析表征的机制。另外，根据训练的要求可完成种类繁多的任务：绘画、挑选、剪切、粘贴、分栏介绍、用网络显示、图解、剪辑，等等。多亏这一系列指令，表征分析不必总要依赖掌握得还不够好的外语。这种训练也不仅限于笔头理解或口头理解活动，提出假设，进行分析和论证还可引向各种表达活动。

在设计这些课堂练习的时候要遵循几个原则。要把社会现实永远作为一个变化中的整体来描述，一种观点应当永远与历史的某个阶段相关联。当学生的任务是介绍一个群体或一个人的意见时，其结果不仅应该由所掌握的数据（它们是传统练习的基础）来证实，而且也应该估算教学材料中缺失的数据。一般而言，答案就像所抽取的各个特征的集合体，组成了一个或好几个有意义的系列，每个系列均建立在不同的假设之上，而每个有意义的系列和每个假设又受到信度的影响。所以不能确定是否存在一个"正确"答案。教师的任务在于评估学生的答案是否逻辑严密（自圆其说），学生是否正确地估计了其回答的信度。

评估一种解释体系的质量

以下课文解释一个假定未知的文化事实。如何衡量其信度呢？

"你可能发现几天以来，商店里全是黑色的和橙色的装饰品。黑猫、面具、南瓜、扫帚、巫婆装点着橱窗。人们在准备庆祝万圣节。

从前，万圣节是秋收以后庆祝的一个节日，人们在这一天向某些神和圣人祈祷。有些民族相信巫婆和鬼魂会在这一天拜访他们。从这些民族传统中，我们保留了纸做的巫婆、化装、糖果，等等。

如今，10月31日是一个喜庆的日子。青少年挨家挨户串门，索要糖果和零钱。他们穿着漂亮的衣服，惹人笑或者让人害怕。父母经常陪伴孩子们以进一步保证他们的安全。母亲们有时花费许多时间为孩子们化装。

其他一些孩子带着联合国儿童基金会的箱子走家串户去募捐。基金会将募得的善款寄出去帮助发展中国家的儿童。

卖水果和蔬菜的小商贩在万圣节前夕卖出许多南瓜。南瓜雕刻成人脸，里面点上灯照明；南瓜灯在10月31日这一天装饰着千家万户。

万圣节期间，化装舞会也很流行。人们乔装打扮，形态各异；他们演出、跳舞，还参加竞赛，选出最漂亮的服装。也许化装舞会让你想起你家乡的狂欢节。"

摘自若利、哈迪（Extrait de M. Joli, M. Hardy）："单元1：熟悉场景的循环"，载于《插曲：欢迎和法国化（中高级阶段）》（"Unité 1：La Ronde des choses familières", *in Intermède*. Accueil et francisation. Niveau intermédiaire et avancé.）拉瓦尔，Édition FM，1990。

以上这种解释体系独树一帜：它面向的读者不知道万圣节的来龙去脉，却又与庆祝活动有着密切的接触。这种解释面向的是刚刚移民到加拿大安大略省法语区的孩子。作者向孩子们提到他们的文化里有一个相似的节日：狂欢节。这篇课文可以成为分析的出发点，目的是"使一种解释体系适应于一个有其自身文化之根的读者群体"。好几种解释体系都可以根据不同受众的文化参照而产生。

不过，还是要回到原来的目标："评估一种解释体系的质量"。关键是发现本文中那些足够独立的特性，好把它们移用到其他学习材料中去。标准的制定应当依据这篇简洁的课文，但也应当具有某种程度的普遍性。

这篇文章有利于达到以下目标：

- 使该文适用于一个确定了其年代归属和经历了其所不了解的万圣节的具体群体。关于年代归属，本文原来针对的是孩子，但如果针对的是他们的母亲，解释体系将会有所不同。

- 解释的时候考虑万圣节的历史变化因素：当代社会出于商业方面的考虑和人道主义的考虑（以联合国儿童基金会为例）改变了这个节日的内涵。

- 描述涉及全部有关人员：不仅仅是孩子（而一种简单化描述仅涉及孩子），而且也有某些家庭成员（父母帮助准备服装并充当募捐出资者），以及商人。

- 为万圣节征集象征物：各种物品和配色方案。

  与此相反，该解释体系的信度却在以下几方面有所减弱：

- 节日的起源非常不明确［如运用"从前"（autrefois）、

"民族"（des peuples）、"某些"（certains）等模糊词语]。

- 本文非常模糊地影射宗教价值（"某些神和圣人"）。
- 文章没有明确指出这些文化习俗归属于哪种民族传统、哪个社会阶层、哪一代人（万圣节是否总是用这样的词语来庆祝？）。
- 文章没有还原各种不同象征之间的关联。

作为对比，可列举由人种学家（和人类学家）克洛德·列维-斯特劳斯提供的解释体系的节选[1]，它比上述体系的内容要广博得多，因为它把圣诞节之前的各种宗教节日都联系起来了。"圣诞节的募捐活动在节前好几周，一般是三周，就开始了。这就和圣尼古拉节（圣尼古拉让死去的孩子复活）期间同样的化装募捐活动建立了联系。而募捐的特点在该活动季的首次募捐，即万圣夜（它由教会决定成为诸圣瞻礼节的前夜）的募捐中体现得更加明显。直至今日，万圣节前夕，在盎格鲁-撒克逊国家，孩子们还化装成鬼魂和骷髅去追逼成年人，除非成年人用小礼物来赎回他们的安宁。于是，随着秋天的深入，从秋初到冬至——冬至标志着对光明和生命的拯救，在习俗上经历了一个辩证的过程，其主要阶段如下：死者魂灵的回归，他们威胁和纠缠的行为，和生者通过交换服务和礼物达成了妥协，最后是生命的胜利。此时已经是圣诞节，对礼物感到心满意足的鬼魂（死者）离开生者，让生者得到下个秋天到来之前的安宁。"

列维-斯特劳斯的这篇文章把宗教习俗和异教习俗融入

1　列维-斯特劳斯（Lévi-Strauss CL.），出处同前，1952，第 1587 页。

同一个解释体系。由秋入冬的过程与生和死的象征结合起来，整个周期因此而获得了意义。而前述课文中提及的狂欢节则属于另一种循环周期。

那么，是否要在外语课堂上让学生达到这样的解释水平？当然不是！我们的目标是衡量一种解释的信度，并非要了解解释事件的专家版本（况且是否总有专家版本提供？）。在此，比较两种解释体系的目的是指出普及版和学术版之间存在的差别。

对于一个要求高的解释方案，信息来源的质量起决定性作用，因为，若要改变初期表征，教师就必须掌握科学质量好的背景资料。这些资料应该能使他找到阐明某一社会集体无意识的例证（恰如列维-斯特劳斯以上分析的例子），发现某方面价值观的历史演变（如饮食、服装、卫生等方面习俗的变迁；关于居住、外国空间、男性和女性角色等方面观念的改变……）[1]。在某些教育体系中，历史研究角度能对当代视角中

---

1 有关参考资料很多。详细列举如下：

阿里耶斯、杜比（主编）(Ariès P., Duby G., dir.)：《私人生活史》(Histoire de la vie privée)，巴黎，Seuil，1986—1987 [5 卷]。

杜比（主编）(Duby G., dir.)：《法国城市史》(Histoire de la France urbaine)，巴黎，Seuil，"历史天地"系列丛书，1980—1985 [5 卷]。

杜比、佩罗（主编）(Duby G., Perrot M., dir.)：《妇女历史》(Histoire des femmes)，巴黎，Plon，1911—1992 [5 卷]。

杜比、瓦隆（主编）(Duby G., Wallon A., dir.)：《法国农村、城市、宗教的历史》(Histoire de la France rurale, urbaine, religieuse)，巴黎，Seuil，"历史天地"系列丛书，1975—1977 [4 卷]。

诺拉（主编）(Nora P., dir.)：《记忆所系之处》(Les lieux de mémoires)，巴黎，Gallimard，1984，1986，1993，[3 卷 7 册]。

往往被视为禁忌或者失去价值的问题展开讨论。

　　教学材料作为社会现实的中介，从来都只是现实委派给课堂的代表。为此，它应当成为"更经常"研究的对象，而这是传统提问所不提倡的。传统提问旨在检验学生对信息的理解和敦促他们表明观点。"更经常"，意味着信息提供者的可信性本身有可能时常受到质疑，意味着隐藏在材料平静表面背后的利益必须被揭示出来。然而，由于对学生所熟悉的或者陌生的外国现实的阐释没有提出严格要求，学生也许只得依赖他的初期表征或者囿于对外国现实的成见，而放弃对初期表征的主观把握。

争　鸣 [1]

　　在学校环境里，自我与他者的关系多以隐蔽的方式存在。
不过，在教学内容中，同时也通过国家设立的接受外国人的教
育机构，通过管理其语言和文化在境外传播的政治和行政机
构，以及通过招聘教师时对其国籍的严格或宽松的要求，都能
够发现与他者的这种隐蔽的关系。

　　然而，就接触外国而言，并非所有的学生都处于平等地
位。那些由于家庭移民和到国外旅行而有机会实现地理流动和
文化流动（尽管两者不一定总是同时发生）的学生，获得了许
多体验，这使他们能够正视他者。而那些与异国接触很少的学
生——或者由于他们归属一种非常同质的文化，或者由于他
们从未被卷入一种社会断裂的处境中——在地理流动的要求
面前将变得束手无策。不过，如果对接触陌生事物所固有的风
险事先进行命名和描述，人们就会更好地适应这种风险，做更
充分的准备。正是从这个假设出发，我们开展了这项研究。学
校是一个能够破译复杂社会关系的场所，在这里可以从容不迫
地进行分析，因为分析要求时间的推移和拉开距离。如此，便
可以中止紧急的行动，让人事后寻回最初那一瞬间的惊奇的意

1　该书的写法较特别，作者用"争鸣"部分代替了"结语"部分。——译者注

义，把那些有可能陷入混乱的价值标准整理妥当。

　　这样定义自我与他者的关系是有利于深层建构的。这种关系鼓励人们从有别于"熟悉"的视角去重新解读对个体所属的各种社会群体的接纳，同时不因此而动摇或否定自己的文化之根。这种与外国的关系促使人们进行反思，揭示出那些在任何明确的决定均缺席的情况下所做出的选择。这些选择决定了人们归属这个或那个群体，建构了对熟悉事物和对异国风情的感知，从而归纳出那些会产生距离感和亲近感的类别。

补充参考文献

ABDALLAH-PRETCEILLE M.,《迈向跨文化教育学》(*Vers une pédagogie interculturelle*), 巴黎, INRP (Publications de la Sorbonne), 1986。

BAUMGRATZ-GANGL. G.,《跨文化能力和教育交流》(*Compétence transculturelle et échanges éducatifs*), 由 D. Mallert 从德语译成法语, 巴黎, Hachette, F. Références 系列丛书, 1993。

BUTTJES D., BYRAM M.,《中介语言与文化》(*Mediating languages and cultures*), 克利夫登, Multilingual Matters, 1990。

BYRAM M., "作为国际沟通媒介的教科书", 载于 P. Doyé (主编),《英国——德国中小学英语教科书中有关英国的描述》("Textbooks as media for international understanding", *in* P. Doyé, ed., *Grossbritannien-seine Darstellung in deutschen Schulbüchern für den Englischunterricht*), 法兰克福, Diesterweg, 1991。

BYRAM M.,《"英语助教": 备战出国进修年》(The "Assistant (e) d'anglais". *Preparing for the year abroad*), 达勒姆, 达勒姆 (杜伦) 大学教育学院, multigr., 1992。

BYRAM M., "外语教材中的'他者'形象", 载于 K. P. Fritzsche (主编),《对中小学教材的审视》("Images of 'others' in foreign language textbooks", *in* K. P. Fritzsche, ed., *Schulbücher auf dem Prüfstand*），法兰克福，Diesterweg，1992.

BYRAM M.，"外语教学中的文化研究及其在英国的研究情况" 载于 A. Ertelt-Vieth（主编），《东西欧的语言、文化、身份认同、对自我和他人的认知》（"Cultural studies im Fremdsprachenunterricht und ihre Erforschung in GroBbritannien"，*in* A. Ertelt-Vieth, ed., *Sprache，Kultur，Identität，Selbst- und Fremdwahrenehmungen in Ost- und Westeuropa*），法兰克福，Peter Lang。

BYRAM M.，"欧洲公民身份的语言与文化学习" 载于 M. Beveridge 和 G. Reddiford（主编），《语言、文化和教育》（"Language and culture learning for European citizenship"，*in* M. Beveridge and G. Reddiford, eds. *Language，Culture and Education*），克利夫登，Multilingual Matters，1993。

BYRAM M. et alii，"法国助教"，载于《英国学校》（"L'assistante française"，*in The British School*），达勒姆，教育学院，1993。

BYRAM M. et alii，《德国在英国德语教材中的形象》（*Germany：its representation in textbooks for teaching German in Great Britain*），法兰克福，Diesterweg，1993。

CARROLL R.，《隐形事实：日常生活中的美国人和法国人》（*Évidences invisibles*. Américains et Français au quotidien），巴黎，Seuil，1987。

CHEVALLARD Y.，《教学转移：从学术性知识到教授的知识》（*La transposition didactique*. Du savoir savant au savoir enseigné），巴黎，La Pensée Sauvage，1991。

CINTRAT I.，《移民在小学阅读教材中的形象》（*Le*

Migrant. Sa représentation dans les manuels de lecture de l'école primaire），圣克鲁，法语传播研究和学习中心（CRÉDIF），巴黎，diff. Didier，Essais 文丛，1983，164 页。

COSTE D.，（主编）《对外法语传播政策面面观——见证一段历史的材料》（*Aspects d'une politique de diffusion du français langue étrangère.* Matériaux pour une histoire），巴黎，Hatier，1984。

de BOT K.，GINSBERG R. B.，KRAMSCH CL.，《跨文化视角下的外语研究》（*Foreign language research in cross-cultural perspective*），阿姆斯特丹、费城，John Benjamins Publishing Company，1991。

DEMORGON J.，《跨文化探索：国际教育研究》（*L'exploration interculturelle.* Pour une pédagogie internationale），巴黎，A. Colin，欧洲教育科学文丛（Coll. Bibliothèque Européenne des Sciences de l'Education），1987。

ELIAS N.，《道德文明》（*La civilisation des mœurs*），由 P. Kamnitzer 从德语译成法语，巴黎，Calmann-Lévy，Presses Pocket 系列丛书第 49 期，1973。

KRAMSCH CL.，"语言教学中的话语顺序"，载于 Barbara Freed，（主编）《外语习得研究与课堂教学》（*"The Order of Discourse in Language Teaching"*，in Barbara Freed ed.，*Foreign Language Acquisition Research and the Classroom*），莱克星顿，D. C. Heath，1991，191—204 页。

KRAMSCH CL.，"重绘外语学习的边界"，载于 Heidrun Suhr（主编），《柏林墙倒塌后的德国研究：20 世纪 90 年代北美高校面临的挑战》（*"Redrawing the Boundaries of the Foreign Language Study"*，in Heidrun Suhr，ed.. *Post-Wall German*

Studies: *a challenge for North American colleges and universities in the 1990's* ）, 纽 约，德 国 学 术 交 流 中 心（Deutscher Akademischer Austauschdienst ）, 1992, 135—152 页。

KRAMSCH CL.,《语言教学中的语境与文化》（*Context and Culture in Language Teaching* ）, 牛津，Oxford University Press，1993。

LADMIRAL J. R., LIPIANSKY E. M.,《跨 文 化 交 际 》（*La communication interculturelle* ）, 巴黎，A. Colin, 欧洲教育科学文丛 （Coll. Bibliothèque Européenne des Sciences de l'Education ）, 1989。

LUCRÈCE A.,《文明人和狂热者：论安的列斯群岛的教 育》（*Civilisés et énergumènes. De l'enseignement aux Antilles* ）, 巴黎，L'Harmattan, Lékôl 系列丛书，1981。

MC CONNELL-GINET S., KRAMSCH CL., 文本与语境： 语言学习的跨学科视角（*Text and context. Cross disciplinary perspectives on language study* ）, 莱克星顿，D. C. Heath and Company，1992。

MARGAIRAZ D.（主编），《历史地理教学中的信息材料 与文献》（*Supports informatifs et documents dans l'enseignement de l'histoire et de la géographie* ）, 巴 黎，INRP, Rapports de Recherches 系列丛书，第 11 期，1989。

PORCHER L.,《符号场域：对外法语传播现状》（*Champs de signes. Etats de la diffusion du français langue étrangère* ）, 圣克鲁，法语传播研究和学习中心（CRÉDIF），巴黎，diff. Didier, Essais 文丛，1987。

RICHAUDEAU F.,《教科书的设计和制作：实用指南 》 （*Conception et production des manuels scolaires. Guide pratique* ）,

巴黎，联合国教科文组织（UNESCO），diff. Retz，1979。

WIDDOWSON H. G.,《语言教学中的交际法》(*Une approche communicative de l'enseignement des langues*)，由 K. Blamont 和 G. Blamont 从英语译成法语，巴黎，Hatier/CREDIF，语言与语言学习文丛（Coll. Langues et Apprentissage des Langues），1978。

WIDDOWSON H. G., "文化与语言关系面面观" 载于《跨文化交际与语言学习》("Aspects of the relationship between culture and language", in "Communication interculturelle et Apprentissage des langues/Culture and Language Learning/Interkulturelle Kommunikation und Fremdsprachenlernen")，*Triangle* 7，1988，13—22页，英国文化协会 / 歌德学院，圣克鲁，封德耐 / 高等师范学校法语传播研究和学习中心（CREDIF），巴黎，diff. Didier-Érudition.

ZARATE G.,《论外国文化教学》(*Enseigner une culture étrangère*)，巴黎，Hachette，F. Références 系列丛书，1986。

索　引 [1]

方框目录 [1]

---

1 所有方框的页码均为原著中的页码，并保留法语标题，以备读者查考。——译者注

译后记

在《外国观与外语教学》这部名著的翻译和出版过程中，译者有幸得到许多前辈和同行精神上的鼓励和专业上的指导。首先，要特别感谢原著作者扎拉特教授的鼎力支持和帮助。她欣然同意我们在中国翻译出版她的书，还专门为本译作题写了中文版序。她亲自与法国相关出版社联系解决版权转让问题，并借参加2018年6月中旬在广东外语外贸大学举办的第八届中法跨文化研讨会之机，特意提前三天到达我校，和两位译者就翻译事宜进行了全面、深入而具体的讨论，帮助我们解决了翻译中遇到的困难，为我们理解和把握全书的思想体系和话语方式，进而进行精准的翻译奠定了坚实的基础。

其次，还要感谢广东外语外贸大学前校长徐真华教授、广东外语外贸大学西方语言文化学院前院长郑立华教授、现任副院长杨晓敏教授，他们对翻译工作表示了极大的关心，从多方面给予我们鼓励、支持和帮助。另外，广西民族大学的黄韧副教授、在中山大学攻读博士的李俊凯老师和暨南大学的黄琰老师百忙拨冗，认真审阅了初稿或部分初稿并提出了宝贵的修改建议，特此一并致谢。

再次，还要感谢上海人民出版社对这项翻译计划的热情支持，尤其要感谢本书责任编辑的细致工作。没有他们的支持和帮助，本书不会如此顺利、及时地付梓。

最后，本书在翻译出版过程中得到了广东外语外贸大学西方语言文化学院梁宗岱学术研究中心的大力支持，特此致谢。

另外，要对一个技术处理的问题进行简单说明：书中方框里的内容均为案例分析，包括原始素材和分析文本。为体现其真实性和语言的多样性，原著照录这些材料的本来面貌，包括使用的各种语言文本（法语、西班牙语、德语、英语等）、文献、图片、地图等。对此，我们也参考了原著的作法，尽量不动原貌，但把法语文本（占大多数）以及其他语言材料的出处都译成了汉语。

虽然两位译者的主攻方向都是跨文化研究和外语教学研究，但由于原著较为抽象和艰深，我们毕竟水平有限，力有不逮，译著中难免会有不妥和疏漏之处，敬请各位专家、同行批评指正。

译　者

2019 年 4 月 20 日于广州

图书在版编目(CIP)数据

外国观与外语教学/(法)热纳维耶芙·扎拉特著；
谢詠,刘巍译. —上海:上海人民出版社,2019
ISBN 978-7-208-15861-0

Ⅰ.①外… Ⅱ.①热… ②谢… ③刘… Ⅲ.①外语教
学-教学研究 Ⅳ.①H09

中国版本图书馆 CIP 数据核字(2019)第 093294 号

责任编辑 赵 伟
封面设计 陈绿竞

外国观与外语教学

[法]热纳维耶芙·扎拉特 著
谢 詠 刘 巍 译

出 版 上海人民出版社
　　　　 (200001 上海福建中路 193 号)
发 行 上海人民出版社发行中心
印 刷 上海商务联西印刷有限公司
开 本 890×1240 1/32
印 张 5.75
插 页 2
字 数 124,000
版 次 2019 年 7 月第 1 版
印 次 2019 年 7 月第 1 次印刷
ISBN 978-7-208-15861-0/H·116
定 价 48.00 元